essentials

AF147533

Essentials liefern aktuelles Wissen in konzentrierter Form. Die Essenz dessen, worauf es als „State-of-the-Art" in der gegenwärtigen Fachdiskussion oder in der Praxis ankommt. *Essentials* informieren schnell, unkompliziert und verständlich

- als Einführung in ein aktuelles Thema aus Ihrem Fachgebiet
- als Einstieg in ein für Sie noch unbekanntes Themenfeld
- als Einblick, um zum Thema mitreden zu können

Die Bücher in elektronischer und gedruckter Form bringen das Fachwissen von Springerautor*innen kompakt zur Darstellung. Sie sind besonders für die Nutzung als eBook auf Tablet-PCs, eBook-Readern und Smartphones geeignet. *Essentials* sind Wissensbausteine aus den Wirtschafts-, Sozial- und Geisteswissenschaften, aus Technik und Naturwissenschaften sowie aus Medizin, Psychologie und Gesundheitsberufen. Von renommierten Autor*innen aller Springer-Verlagsmarken.

Ronald Ivancic · Sibylle Olbert-Bock ·
Bernhard Oberholzer

Polydextrie – Zur Notwendigkeit kontextualer Vielseitigkeit

Situative Führung, Kultur- und Kompetenzentwicklung in Organisationen

Ronald Ivancic
Institut für Organisation und Leadership
Ostschweizer Fachhochschule
St. Gallen, Schweiz

Sibylle Olbert-Bock
Institut für Personalmanagement und
Organisation
Fachhochschule Nordwestschweiz
Olten, Schweiz

Bernhard Oberholzer
Institut für Organisation und Leadership
Ostschweizer Fachhochschule
St. Gallen, Schweiz

ISSN 2197-6708   ISSN 2197-6716   (electronic)
essentials
ISBN 978-3-658-48580-1   ISBN 978-3-658-48581-8   (eBook)
https://doi.org/10.1007/978-3-658-48581-8

Die Deutsche Nationalbibliothek verzeichnet diese Publikation in der Deutschen Nationalbibliografie; detaillierte bibliografische Daten sind im Internet über https://portal.dnb.de abrufbar.

© Der/die Herausgeber bzw. der/die Autor(en), exklusiv lizenziert an Springer Fachmedien Wiesbaden GmbH, ein Teil von Springer Nature 2025

Das Werk einschließlich aller seiner Teile ist urheberrechtlich geschützt. Jede Verwertung, die nicht ausdrücklich vom Urheberrechtsgesetz zugelassen ist, bedarf der vorherigen Zustimmung des Verlags. Das gilt insbesondere für Vervielfältigungen, Bearbeitungen, Übersetzungen, Mikroverfilmungen und die Einspeicherung und Verarbeitung in elektronischen Systemen.
Die Wiedergabe von allgemein beschreibenden Bezeichnungen, Marken, Unternehmensnamen etc. in diesem Werk bedeutet nicht, dass diese frei durch jede Person benutzt werden dürfen. Die Berechtigung zur Benutzung unterliegt, auch ohne gesonderten Hinweis hierzu, den Regeln des Markenrechts. Die Rechte des/der jeweiligen Zeicheninhaber*in sind zu beachten.
Der Verlag, die Autor*innen und die Herausgeber*innen gehen davon aus, dass die Angaben und Informationen in diesem Werk zum Zeitpunkt der Veröffentlichung vollständig und korrekt sind. Weder der Verlag noch die Autor*innen oder die Herausgeber*innen übernehmen, ausdrücklich oder implizit, Gewähr für den Inhalt des Werkes, etwaige Fehler oder Äußerungen. Der Verlag bleibt im Hinblick auf geografische Zuordnungen und Gebietsbezeichnungen in veröffentlichten Karten und Institutionsadressen neutral.

Planung/Lektorat: Ann-Kristin Wiegmann
Springer Gabler ist ein Imprint der eingetragenen Gesellschaft Springer Fachmedien Wiesbaden GmbH und ist ein Teil von Springer Nature.
Die Anschrift der Gesellschaft ist: Abraham-Lincoln-Str. 46, 65189 Wiesbaden, Germany

Wenn Sie dieses Produkt entsorgen, geben Sie das Papier bitte zum Recycling.

Was Sie in diesem *essential* finden können

- Kompaktes Basiswissen zu kontextualer Steuerung
- Grundlagen zum Konzept der Polydextrie
- Anwendung polydextrer Steuerung in der Führung, in der Kulturgestaltung und der Kompetenzentwicklung
- Anwendungs- und praxisorientierte Verdeutlichung am Beispiel von Einsatzkräften

Inhaltsverzeichnis

Über die Autoren

Dr. Ronald Ivancic ist Dozent am Institut für Organisation & Leadership der Ostschweizer Fachhochschule sowie Lehrbeauftragter für Betriebswirtschaft u. a. der Universität St. Gallen. Er forscht, lehrt und berät etwa in den Themenfeldern Corporate (Digital) Responsibility, Corporate Brand Management, Corporate Governance, systemischer Führung und Responsible Leadership.

Prof. Dr. Sibylle Olbert-Bock leitet das Institut für Personalmanagement und Organisation an der Fachhochschule Nordwestschweiz. Ihre Forschungsschwerpunkte liegen u. a. in den Bereichen digitale Transformation und Organisationsentwicklung, Förderung und Personalentwicklung, Diversität sowie nachhaltiges Leadership.

Bernhard Oberholzer, MSc. ist wissenschaftlicher Mitarbeiter am Kompetenzzentrum für Leadership & HR des Instituts für Organisation & Leadership der Ostschweizer Fachhochschule. Er beschäftigt sich in angewandter Forschung und Dienstleistung schwerpunktmäßig mit Frauen in Verwaltungsräten und Geschäftsleitungen sowie Diversität und Inklusion.

Einleitung: Navigieren in der Multikrise

Zeiten, in denen die Welt als stetig, vorhersehbar, gewöhnlich und eindeutig – zusammengefasst im Akronym **SPOD** (steady, predictable, ordinary, definite) – beschrieben werden konnte, gehören längst und immer mehr der Vergangenheit an (Zachosova et al. 2022). Stattdessen dominieren Konzepte wie **VUCA** (volatile, uncertain, complex, ambiguous), die die heutige Realität als volatil, unsicher, komplex und mehrdeutig charakterisieren (Bennett und Lemoine 2014a, b) und **VUCASE** als dessen Erweiterung um die Dimensionen systemisch und entropisch. VUCASE hebt insbesondere die systemische Vernetzung unterschiedlicher Dimensionen hervor, die eine umfassende Dynamik und Abhängigkeit innerhalb komplexer Strukturen erzeugt. Gleichzeitig betont der Begriff das Phänomen der Entropie verstanden als zunehmende Unordnung, das Chaos im zeitlichen Verlauf sowie die daraus resultierende Ungewissheit und Unkenntnis über den aktuellen Zustand des Systems (Ivancic 2022).

In eine ähnliche Richtung deutet **BANI** (Cascio 2020; De Godoy und Filho 2021). Das Akronym beschreibt aktuelle Lebens- und Umweltbedingungen als spröde und brüchig (brittle), von Verunsicherung geprägt (anxious), nicht linear (non-linear) und unverständlich (incomprehensible). Cascio (2020) konkretisiert: „Brittleness is illusory strength. (…) In an Anxious world, every choice appears to be potentially disastrous. (…) In a Nonlinear world, cause and effect are seemingly disconnected or disproportionate. (…) ‚I' is for Incomprehensible. (…) We try to find answers but the answers don't make sense." Dies ist das Ergebnis einer Multikrise, die sowohl die Nachwirkungen der COVID-19-Pandemie als auch den Russisch-Ukrainischen Krieg, den Nahostkonflikt, Inflation und Rezessionsängste umfasst. Gleichzeitig sind schwer prognostizierbare Entwicklungen in Bereichen wie Industrie 4.0, Digitalisierung, Virtual Reality, Metaverse und

© Der/die Autor(en), exklusiv lizenziert an Springer Fachmedien Wiesbaden GmbH, ein Teil von Springer Nature 2025

R. Ivancic et al., *Polydextrie – Zur Notwendigkeit kontextualer Vielseitigkeit*, essentials, https://doi.org/10.1007/978-3-658-48581-8_1

Künstlicher Intelligenz Teil dieser Dynamik. Diese spielt sich zudem vor dem Hintergrund sich verändernder politischer und wirtschaftlicher Systeme ab, wie beispielsweise einer wachsenden Oligarchie in den USA.

Die gegenwärtige Weltlage verlangt also neue Denkansätze, um mit der wachsenden Instabilität und Unvorhersagbarkeit umzugehen. Gleichzeitig besteht die Hoffnung, dass sich pessimistische Prognosen nicht bewahrheiten und sich die Kontextfaktoren nicht in Richtung einer **DEST**-Welt entwickeln, die durch Unordnung, Egozentrik, Unterdrückung und Turbulenz (disorder, egocentricity, suppression, turbulence) gekennzeichnet ist (Zachosova et al. 2022).

Unabhängig davon, wie aktuelle Entwicklungen bezeichnet werden – sei es VUCA, BANI oder ein anderes Konzept – steht damit außer Zweifel, dass die Welt erheblich unsicherer, unvorhersehbarer, komplexer und dynamischer geworden ist. Diese Veränderung betrifft alle Bereiche von Gesellschaft, Wirtschaft und Politik und führt zu einer zunehmenden Macht/Ohnmacht/Risiko-Relation, die Entscheidungsträger vor enorme Herausforderungen stellt. Während einerseits neue Möglichkeiten und Chancen entstehen, führt die wachsende Komplexität andererseits zu einem Gefühl der Ohnmacht, da sich Risiken schwieriger abschätzen und kontrollieren lassen (Rieckmann 2005).

In diesem Kontext verdichten sich sogenannte Nebelvierecke (Abb. 1.1) zunehmend. Der Begriff beschreibt Situationen, in denen die Sicht auf klare Ziele, Wege und Handlungsmöglichkeiten durch Unsicherheiten und Unklarheiten getrübt wird, womit es schwerfällt, tragfähige und auf die Zukunft gerichtete Entscheidungen zu treffen und zielgerichtet zu agieren (Bleicher 2011). Die Fähigkeit, im Nebel zu navigieren – also unter unvollständigen Informationen, widersprüchlichen Signalen und dynamischen Entwicklungen kurz- und langfristig orientiert zu handeln – wird zu einer Schlüsselkompetenz für Führungskräfte und Organisationen.

Zunehmende Dynamik und Beschleunigung sowie wachsende Unberechenbarkeit erschweren das frühzeitige Erkennen von Entwicklungen und dazu konsistente Ableiten geeigneter Maßnahmen. Entscheidungen müssen unter Zeitdruck getroffen werden, während die Konsequenzen oft unklar oder unvorhersehbar bleiben. Gleichzeitig wächst der Druck, erfolgreich zu agieren, Risiken zu minimieren und Chancen zu nutzen, um wettbewerbsfähig und handlungsfähig zu bleiben. Auch suchen Menschen, Institutionen und Organisationen zunehmend nach Halt und Orientierung (Ivancic 2021), denn trotz aller Unvorhersehbarkeit sind einzelne wesentliche Entwicklungen und ihre langfristigen Konsequenzen durchaus bekannt.

In dieser Situation sind adaptive Steuerungsmechanismen und strategische Flexibilität erforderlich, um mit Unsicherheiten umzugehen. Unternehmen und

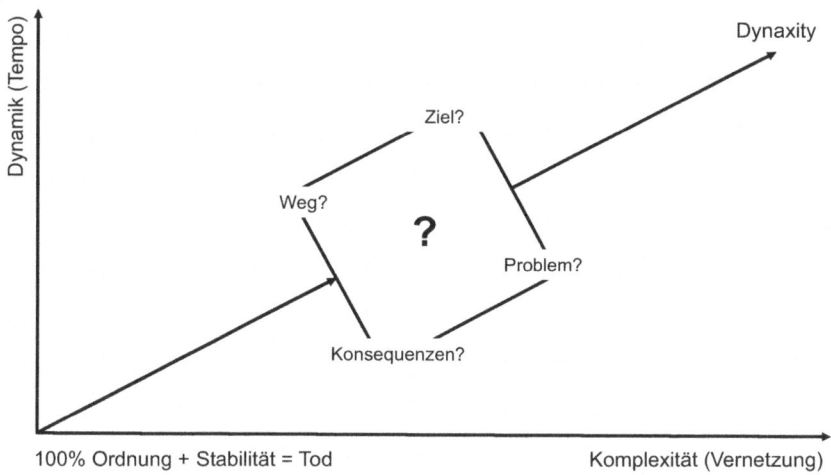

Abb. 1.1 Nebelviereck. (Eigene Darstellung in Anlehnung an Rieckmann 2005)

Organisationen müssen in der Lage sein, ihre Strategien und Strukturen dynamisch anzupassen, ohne den Blick für langfristige Ziele und Werte zu verlieren. Es geht darum, im Spannungsfeld von Kontrolle und Loslassen zu agieren, um Komplexität nicht zu verstärken, sondern zielgerichtet zu meistern.

Einen Beitrag, dies kontextual adaptiert zu gewährleisten, kann das Konzept **polydextrer Unternehmenssteuerung** (Kap. 3) leisten, das sowohl in der **Führung** (Kap. 4), als auch in der **Kulturgestaltung** (Kap. 5) sowie der **Kompetenzentwicklung** (Kap. 6) umgesetzt wird. Im vorliegenden Band steht es nach allgemeinen Ausführungen zur Entwicklung der Organisationssteuerung (Kap. 2) im Fokus. Dabei werden neben theoretischen Erläuterungen wesentliche Charakteristika der Ansatzpunkte am Beispiel von **Einsatzorganisationen** und dabei insbesondere der **Polizei illustriert** (Abschn. 4.4, Abschn. 5.4 und Abschn. 6.4).

Diese Beispiele beziehen sich teils auf Erkenntnisse, die im Rahmen eines, durch das Eidgenössische Büro für Gleichstellung von Mann und Frau (EBG) geförderten, Projekts namens **Zukunftsorientierte Führungskultur bei der Polizei – Equal Leadership ganzheitlich umsetzen** in Zusammenarbeit mit drei Schweizer Stadtpolizeien und dem Schweizerischen Polizei Institut (SPI) im Zeitraum 2021 bis 2024 gewonnen wurden, und die Entwicklung des Polydextrie-Konzepts mit seinen unterschiedlichen Ausprägungen angestoßen hat, das mittlerweile mit verschiedenen Schwerpunktsetzungen auf Konferenzen, in Zeitschriften- sowie Sammelbandbeiträgen (Olbert-Bock 2024; Ivancic und Olbert-Bock 2024; Ivancic et al. i. E.a, b) vorgestellt wurde.

Literatur

Bennett, N., & Lemoine, J. G. (2014a). What VUCA really means for You. *Harvard Business Review, 92*(1/2), 27–29.

Bennett, N., & Lemoine, J. G. (2014b). What a difference a word makes: Understanding threats to performance in a VUCA world. *Business Horizons, 57*(3), 311–317. https://doi.org/10.1016/j.bushor.2014.01.001

Bleicher, K. (2011). *Das Konzept integriertes Management: Visionen – Missionen – Programme* (8. Aufl.). Frankfurt am Main: Campus.

Cascio, J. (2020). Facing the Age of Chaos. https://medium.com/@cascio/facing-the-age-of-chaos-b00687b1f51d. Zugegriffen: 17. Dezember 2024.

De Godoy, M.F., & Filho, D. R. (2021). Facing the BANI World. *International Journal of Vitamin and Nutrition Research, 14*(2), 33. https://doi.org/10.1055/s-0041-1735848

Ivancic, R. (2021). Führungsreife: Brand(ed) Leadership: Der Reifegrad ganzheitlichen, identitätsorientierten Führens und Managens. In S. Laske, A. Orthey & M. J. Schmid (Hrsg.), *PersonalEntwickeln. Das aktuelle Nachschlagewerk für Praktiker. 268. Erg.-Lfg. zum Loseblattwerk August 2021* (S. 1–35). Köln: Deutscher Wirtschaftsdienst.

Ivancic, R. (2022). Management von Wandel: Angst, Macht und Sinn als Herausforderungen. In S. Laske, A. Orthey & M. J. Schmid (Hrsg.), *PersonalEntwickeln. Das aktuelle Nachschlagewerk für Praktiker. 280. Erg.-Lfg. zum Loseblattwerk August 2022* (S. 1–45). Köln: Deutscher Wirtschaftsdienst.

Ivancic, R., & Olbert-Bock, S. (08.03.2024). *Die Dualität von Kultur in Einsatzorganisationen.* GfA Frühjahrskongress: Arbeitswissenschaften in-the-loop: Mensch-Technologie-Integration und ihre Auswirkung auf Mensch, Arbeit und Arbeitsgestaltung, Stuttgart.

Ivancic, R., Olbert-Bock, S., & Oberholzer, B. (i.E.a). Erfolgsfaktor Polydextrie: Die Polizei als Vorbild im Umgang mit kurz-, mittel- und langfristigen Risiken. In K. von Frankenberg & M. Klein (Hrsg.), *Polizei und Risiko.* Berlin: Drucker & Humblot.

Ivancic, R., Olbert-Bock, S., & Oberholzer, B. (i.E.b). Leadership-Polydextrie: Zur besonderen Notwendigkeit kontextualer Führung innerhalb von Einsatzorganisationen. *zfo: Zeitschrift Führung + Organisation.*

Olbert-Bock, S. (01.02.2024). *Equal Leadership bei der Stadtpolizei.* SPI-Kolloquium über die Polizeiausbildung und Polizeiforschung, Neuchâtel.

Rieckmann, H. J. (2005). *Managen und Führen am Rande des 3. Jahrtausends: Praktisches, Theoretisches, Bedenkliches* (3. Aufl.). Frankfurt am Main: Lang.

Zachosova, N, Kutsenko, D., & Koval, O. (2022). Strategy and Mechanisms of Enterprises Financial and Economic Security Management in the Conditions of War, Industry 4.0 and BANI World. *Financial and Credit Acitivity: Problems of Theory and Practice, 45*(4), 223–233. https://doi.org/10.55643/fcaptp.4.45.2022.3819

Entwicklung der Organisationssteuerung

Die Rolle von Führungskräften unterliegt dato einem Wandel, der in seiner Tragweite mit den Umbrüchen der industriellen Revolution vergleichbar ist. Der Transformationsprozess beschränkt sich längst nicht mehr auf wirtschaftliche Kontexte, sondern umfasst soziale, kulturelle und politische Bereiche (Budd 2001). Anforderungen an die Steuerung von Organisationen haben sich dabei kontinuierlich erhöht und unterliegen einem stetigen Anpassungsdruck.

Die **linguistische Herkunft** des dominierenden Begriffs **Management** ist bis heute nicht abschließend geklärt und spiegelt die Vielschichtigkeit und Breite des Konzepts wider. Der Terminus wird oft mit dem lateinischen manus (Hand oder Handhabung) in Verbindung gebracht, was auf die Idee des aktiven Eingreifens und der Kontrolle hindeutet. Eine andere Herleitung erfolgt über das italienische maneggiare, das ursprünglich das Training und die Kunst des Umgangs mit Pferden in der Manege bezeichnete. Dies betont die Aspekte des Führens, Kontrollierens und des gezielten Einsatzes von Ressourcen, um bestimmte Ziele zu erreichen. Eine weitere sprachliche Wurzel ist im französischen ménage zu finden, das sich auf den Haushalt oder das Haushalten bezieht und somit auf die ökonomische Organisation und die effiziente Verwaltung hinweist (Hofstede 1996).

Die Vielfalt dieser Ursprünge zeigt, dass der Begriff von Anfang an mehrere Dimensionen, von praktischen, strategischen, organisatorischen bis hin zu ressourcenorientierten Aspekten, vereinte. Doch gerade diese heterogene linguistische Herkunft erschwert es, aus den sprachlichen Wurzeln eine klare inhaltliche oder konzeptionelle Unterscheidung von Management und Leadership abzuleiten. Vielmehr unterstreichen sie die enge Verzahnung und das potenzielle Überschneidungsfeld der beiden Begriffe (Ivancic 2021).

© Der/die Autor(en), exklusiv lizenziert an Springer Fachmedien Wiesbaden GmbH, ein Teil von Springer Nature 2025
R. Ivancic et al., *Polydextrie – Zur Notwendigkeit kontextualer Vielseitigkeit*, essentials, https://doi.org/10.1007/978-3-658-48581-8_2

Auch aus **historischer Perspektive** lässt sich der Ursprung von Management und Leadership weit in der Menschheitsgeschichte zurückverfolgen, wobei schon früh Werkzeuge und Methoden zur Steuerung und Organisation zum Einsatz kamen. Bereits die Sumerer und Ägypter dokumentierten um 5000 v. Chr. erste Ansätze zur Planung und Kontrolle, die auf eine strukturierte Organisation komplexer Vorhaben hinweisen, beispielsweise im Bau von Tempeln, Bewässerungssystemen oder der Verwaltung von Ressourcen (Meier 1998). Diese frühen Formen von Management zeigen, dass die Grundlagen von Führung und Organisation eng mit der Entwicklung von Zivilisationen und deren Bedürfnissen nach Koordination und Effizienz verknüpft sind. Mit der Industrialisierung erlebten Management und Leadership eine fundamentale Neuausrichtung. Das rapide Wachstum von Unternehmen und die zunehmende Effizienzsteigerung und Komplexität wirtschaftlicher Prozesse führten dazu, dass Führungsstrukturen formalisiert und professionalisiert wurden. Management entwickelte sich zu einer eigenständigen Disziplin, die nicht nur operative Abläufe koordinierte, sondern auch strategische Entscheidungen traf. Dieser Wandel markierte den Übergang von individuellen, oft patriarchalisch geprägten Führungsstilen hin zu systematischen und hierarchisch organisierten Führungsmodellen, die auf verschiedenen Ebenen agierten (Rudolph 1994). Angesichts zunehmender Komplexität von Produkten und Leistungen bildeten sich in weiterer Ausdifferenzierung Leadership-Ansätze aus, ohne die Anforderung nach effizientem Management aufzugeben.

Aus geschichtlicher Sicht können Phasen einer Differenzierung und Annäherung bis hin zur Verschmelzung der Konzepte von Leadership und Management beobachtet werden. Während in der frühen Entwicklung der Führungstheorien zunächst eine klare Dominanz von Management-orientierten Ansätzen erkennbar war, verschob sich der Fokus im Laufe der Zeit. **Klassische Führungstheorien** konzentrierten sich vornehmlich auf die Optimierung von Prozessen, Strukturen und Effizienz. Sie betonten Planung, Organisation und Kontrolle und zielten darauf ab, den operativen Ablauf von Unternehmen durch klare Hierarchien und standardisierte Methoden zu verbessern (Lussier 1997). Modelle wie bspw. des Scientific Management von F. W. Taylor (Hebeisen 1999), der Administrative Ansatz von H. Fayol (Clutterbuck und Crainer 1991; Kennedy 1998), das Bürokratische Management nach M. Weber (Steyrer 1995) oder der Fordismus basieren auf einem vornehmlich mechanistischen Menschenbild des Homo Oeconomicus (Kirchler et al. 2005).

Mit dem Aufkommen **neoklassischer Führungstheorien** verschob sich der Schwerpunkt hin zu Leadership-orientierten Ansätzen. Diese legten den Fokus stärker auf menschliche Aspekte der Führung, wie Motivation, Kommunikation und zwischenmenschliche Beziehungen. Theorien wie die Human-Relations-Bewegung oder der Ansatz der transformationalen Führung betonten die Bedeutung von Visionen, Inspiration und der emotionalen Bindung zwischen Führungskraft und Mitarbeitenden. Hier wurde Führung zunehmend als dynamischer, zwischenmenschlicher Prozess verstanden, der über rein organisatorische und verwaltende Aufgaben hinausgeht. Theorien wie bspw. das Management by Objectives von P. F. Drucker (Kennedy 1998), die zehn Funktionen des Managens nach H. Mintzberg (Clutterbuck und Crainer 1991), die Differenzierung von formaler und informaler Organisation, Rollen und Funktionen von Führungskräften sowie organisationale Entscheidungsprozesse nach C. I. Barnard (Kennedy 1998), die Maslowsche Bedürfnispyramide (Hill et al. 1994), die Human Relations Schule von E. W. Mayo (Rudolph 1994) oder die Zwei-Faktoren-Theorie nach F. Herzberg (Meier 1998) beruhen v. a. auf dem Menschenbild eines Social- bzw. Self-Actualizing-Man (Kirchler et al. 2005).

In der **modernen Führungstheorie** ist schließlich ein weiterer Paradigmenwechsel hin zu integrativen Denkmodellen zu erkennen. Diese Ansätze versuchen, die bisherige Dichotomie zwischen Management und Leadership aufzulösen, indem sie ganzheitliche Kompetenzen und Fähigkeiten fordern. Führungskräfte sollen sowohl die strategischen und operativen Anforderungen des Managements erfüllen als auch die visionären und motivierenden Aspekte des Leaderships meistern. Modelle wie Servant Leadership, das auf eine Form der Führung abzielt, die die Selbststeuerungsfähigkeiten der Organisationsmitglieder unterstützt, oder die integrative Führung, die kulturelle, soziale und wirtschaftliche Anforderungen vereint, sind Beispiele der notwendigen Verknüpfung beider Perspektiven. Integrative Ansätze mit unterschiedlichem Fokus wie bspw. von A. D. Chandler im Bereich der Strategie (Kennedy 1998), H. I. Ansoff mit unterschiedlichen Management by Ansätzen, M. E. Porters Wettbewerbsstrategien (Staehle 1999), R. H. Waterman mit Arbeiten zu organisationalem Lernen (Rudolph 1994) oder R. M. Kanter hinsichtlich des Personals und der Teamarbeit (Clutterbuck und Crainer 1991) stellen dabei auf ein Menschenbild des Complex Man ab (Kirchler et al. 2005).

▶ Dargestellte Entwicklungen zeigen, dass sowohl Management als auch Leadership auf eine lange Tradition zurückblicken, die den Maßgaben ihrer Zeit folgen, und sich dabei kontinuierlich in ihren

Anforderungen an Führung erweitern und diversifizieren. Sie spiegeln nicht nur den Wandel der Arbeitswelt und der Gesellschaft wider, sondern verdeutlichen auch, dass eine klare Trennung von Leadership und Management zwar konzeptionell gedacht werden kann, praktisch aber ineinandergreift. Während frühe Ansätze vor allem auf Kontrolle und Struktur abzielten, entstanden mit der Industrialisierung systematische und standardisierte Führungsmodelle. Diese bildeten die Grundlage für moderne integrative Ansätze, die heute beide Bereiche – Management und Leadership – in einem ganzheitlichen Verständnis zusammenführen.

So kann eine moderne Steuerung zunächst als hybrides Konzept betrachtet werden, das den komplexen Anforderungen moderner Organisationen und ihrer Stakeholder gerecht werden soll – aber mit Blick auf bestehende Entwicklungen vermutlich nicht ausreicht.

Literatur

Budd, J. F. (2001). Opinion: Foreign policy acumen needed by global CEOs. *Public Relations Review, 27*(2), 123–134. https://doi.org/10.1016/S0363-8111(01)00075-3

Clutterbuck, D., & Crainer, S. (1991). *Die Macher des Managements: Hintergründe, Schlüsselkonzepte, Auswirkungen.* Wien: Ueberreuter.

Hebeisen, W. (1999). *F. W. Taylor und der Taylorismus.* Zürich: vdf Hochschulverlag.

Hill, W., Fehlbaum, R., & Ulrich, P. (1994). *Organisationslehre: Ziele, Instrumente und Bedingungen der Organisation sozialer Systeme* (5. Aufl.). Bern: Haupt.

Hofstede, G. (1996). A shrinking world: Cultural constraints in management theories. In R. Paton, G. Clark, G. Jones, J. Lewis & P. Quintas (Hrsg.): *The New Management Reader* (S. 77–90). London: Routledge.

Ivancic, R. (2021). Führungsreife: Brand(ed) Leadership: Der Reifegrad ganzheitlichen, identitätsorientierten Führens und Managens. In S. Laske, A. Orthey & M. J. Schmid (Hrsg.), *PersonalEntwickeln. Das aktuelle Nachschlagewerk für Praktiker. 268. Erg.-Lfg. zum Loseblattwerk August 2021* (S. 1–35). Köln: Deutscher Wirtschaftsdienst.

Kennedy, C. (1998). *Management Gurus: 40 Vordenker und ihre Ideen.* Wiesbaden: Gabler. https://doi.org/10.1007/978-3-322-82771-5

Kirchler, E., Meier-Pesti, K., & Hofmann, E. (2005). Menschenbilder. In E. Kirchler (Hrsg.), *Arbeits- und Organisationspsychologie* (S. 15–195). Wien: Facultas.

Lussier, R. N. (1997). *Management: Concepts, Applications, Skill Development.* Ohio: South Western College Publishing.

Meier, H. (1998). *Unternehmensführung: Aufgaben und Techniken des betrieblichen Managements: Unternehmenspolitik, Unternehmensplanung und Controlling, Unternehmensorganisation und Führung.* Berlin: Verlag Neue Wirtschafts-Briefe.

Rudolph, F. (1994). *Klassiker des Managements: Von der Manufaktur zum modernen Großunternehmen.* Wiesbaden: Gabler. https://doi.org/10.1007/978-3-322-82529-2

Staehle, W.H. (1999). *Management: Eine verhaltenswissenschaftliche Perspektive* (8. Aufl.). München: Vahlen. https://doi.org/10.15358/9783800648740

Steyrer, J. (1995). *Charisma in Organisationen: Sozial-kognitive und psychodynamisch-interaktive Aspekte von Führung.* Frankfurt am Main: Campus.

Konzept der Polydextrie   3

In den vergangenen Jahrzehnten wurde die Dichotomie zwischen Leadership und Management intensiv diskutiert. Nicht nur die strikte Trennung erweist sich angesichts der aktuellen Herausforderungen als nicht länger tragfähig. Vielmehr bedarf es einer ganzheitlichen Betrachtung von Steuerung, die nicht nur beide Aspekte integriert (Uthayasuriyan und Kanaga 2019), sondern über sie hinaus geht.

3.1   Grundlagen und Entwicklungen

Die Termini Leadership und Management werden häufig herangezogen, um unterschiedliche, jedoch komplementäre Eigenschaften und Rollen innerhalb effektiver Führung zu beschreiben. Während Manager vornehmlich als Gestalter und Verwalter operativer Prozesse agieren, werden Leader als Visionäre wahrgenommen, die bestehende Strukturen hinterfragen, den Status quo herausfordern, Menschen inspirieren sowie motivieren. Diese Differenzierung unterstreicht, dass Leadership und Management zwar unterschiedliche Schwerpunkte setzen, jedoch sind beide für den Erfolg vieler Organisationen essenziell (Lunenburg 2011). Das Zitat „Managers do things right, while leaders do the right things" (Bennis und Nanus 2007, S. 12) verdeutlicht diesen Kontrast.

Die Abgrenzung von Leadership und Management zeigt sich besonders deutlich in ihren jeweiligen Schwerpunkten und Zielsetzungen. **Management** richtet seinen Fokus auf die Gestaltung, Entwicklung und Aufrechterhaltung effizienter Prozesse und Systeme. Der Blick ist eher nach innen gerichtet. Effizienz, Stabilität und die Sicherstellung eines reibungslosen Betriebsablaufs stehen im

© Der/die Autor(en), exklusiv lizenziert an Springer Fachmedien Wiesbaden   11
GmbH, ein Teil von Springer Nature 2025
R. Ivancic et al., *Polydextrie – Zur Notwendigkeit kontextualer Vielseitigkeit*,
essentials, https://doi.org/10.1007/978-3-658-48581-8_3

Vordergrund. Es geht darum, bestehende Strukturen zu bewahren und zu optimieren, wobei ein eher kurzfristiger bis mittelfristiger Zeithorizont betrachtet wird. Manager planen, organisieren und kontrollieren, um die gesetzten Ziele zu erreichen, und die operative Ebene reibungslos zu gestalten. Sie setzen Pläne um, verbessern die Gegenwart und beschäftigen sich mit der Feinsteuerung und Optimierung bestehender Systeme. Die Zielsetzung des Managements liegt in der Effizienzsteigerung und der Sicherstellung eines reibungslosen Ablaufs des Tagesgeschäfts. In der Mitarbeiterführung arbeiten Manager mit Kontrolle und Anweisungen, um Untergebene zu koordinieren und klare Vorgaben umzusetzen. Dabei agieren sie tendenziell hierarchisch und nutzen Autorität, um Stabilität zu gewährleisten und Konflikte zu vermeiden. Ihre Handlungsweise ist geprägt von der Verantwortung, bestehende Prozesse korrekt und effektiv umzusetzen und dabei vor allem den Erwartungen ihrer Vorgesetzten gerecht zu werden (Lunenburg 2011).

Leadership hingegen konzentriert sich auf Menschen und Visionen bzw. die Fähigkeit sich von Bestehendem zu lösen und damit Transformation und Innovation zu ermöglichen. Leader hinterfragen den Status quo, schaffen Orientierung und bieten mit neuen Gedanken ihren Teams Inspiration. Sie denken langfristig und richten ihre Handlungen an übergeordneten Zielen und Werten aus. Leader zielen darauf ab, das zu tun, was am geeignetsten ist, und stiften dazu Sinn sowie Begeisterung. Ihre Methoden umfassen die Fähigkeit, durch Vorstellungsvermögen, Kommunikation, Motivation und authentisches Verhalten Vertrauen und Engagement zu schaffen. Leadership zeichnet sich durch einen menschenzentrierten Ansatz aus, der auch in das Umfeld der Organisation und ihres Leistungsangebots gerichtet ist, und einen breiten Blickwinkel einnimmt. Sie richten ihre Aktivitäten darauf aus, eine wünschenswerte Zukunft zu gestalten, erkennen übergeordnete Zusammenhänge und denken strategisch, anstatt sich in den Details zu verlieren. Ihr Hauptziel ist es, Veränderungen zu initiieren und Innovationen voranzutreiben, indem sie ihre Teams inspirieren und sie ermächtigen und weiterentwickeln. Wesentlich sind gegenseitiges Zutrauen, Zusammenarbeit und langfristig Vertrauen. Leadership basiert primär auf Einflussnahme, die auch durch gezielte Nutzung von Konflikten entstehen kann, um Fortschritt zu ermöglichen. Führungskräfte handeln zum Teil bewusst anders, brechen mit Konventionen und unterstützen die Leistungsfähigkeit ihrer Teams, indem sie deren Interessen und Entwicklungsmöglichkeiten in den Vordergrund stellen (Lunenburg 2011).

In funktionaler Sicht lässt sich dies als Management des Managements bezeichnen (Dytrt und Serek 2020), da Leadership über die operative Ebene hinausgeht und auf einer strategischen als Grundlage für effektives Management dient. Während Leadership den Weg vorgibt, sorgt Management dafür, dass dieser effizient beschritten wird. Letztlich sind beide Aspekte untrennbar miteinander verbunden, selbst wenn ausdrückliche Leadership-Anteile fehlen. So wird deutlich, dass Leadership und Management zwar verschiedene Aufgaben und Kompetenzen adressieren, aber dennoch in einem integrativen Ansatz zusammenwirken müssen, um den komplexen Anforderungen moderner Organisationen gerecht zu werden. Die Kunst moderner Führung besteht darin, beide Rollen als Transformator sowie Organisator in sich zu vereinen und je nach Kontext die richtigen Schwerpunkte zu setzen, um den Herausforderungen der heutigen dynamischen Arbeitswelt gerecht zu werden.

▶ Reife Führungskräfte müssen in der Lage sein, sowohl am System zu arbeiten, um Veränderungen und langfristige Entwicklungen zu gestalten (**Leadership**), als auch im System erfolgreich zu agieren, um das Tagesgeschäft effizient zu steuern und die organisatorische Stabilität zu gewährleisten (**Management**). In der Praxis bedeutet dies, dass Führungskräfte nicht nur als Motivatoren und Visionäre agieren, sondern auch in der Lage sein müssen, unpopuläre Entscheidungen zu treffen, die zum Wohl der Organisation erforderlich sind (Ivancic 2021). Dies kann das Durchsetzen von Maßnahmen oder das Treffen von **Befehlen** beinhalten, die nicht immer auf Zustimmung stoßen, jedoch im Sinne der langfristigen Zielverwirklichung notwendig sind.

Diese Fähigkeit, in unterschiedlichen Kontexten die passende Rolle einzunehmen und sowohl Leadership als auch Management zu praktizieren, bildet den Kern der komplexen Aufgaben moderner Führungskräfte.

3.2 Leadership, Management und Command

Konzepte der Ambidextrie sehen diese ausgeführte Gleichzeitigkeit teils diametraler Stoßrichtungen vor (Back et al. 2022; Wolan 2020). „The greatest paradox of all is between leading and managing, pushing for great change and yet keeping the organisation ticking over (…) both are required in today's world" (Kakabadse und Kakabadse 1999, S. 5).

Untersuchungen dreier Schweizer Stadtpolizeien in Zusammenarbeit mit dem Schweizer Polizeiinstitut gefördert durch das Eidgenössische Büro für die Gleichstellung von Frau und Mann (Kap. 1) verdeutlichen, dass moderne Steuerung nicht nur als Ambidextrie sondern als Polydextrie anzulegen ist. Im Falle von Einsatzorganisationen nähert man sich diesem Ansatz von Seiten des durch den öffentlichen Auftrag erforderlichen (bürokratischen oder professionellen) Managements sowie Krisenerfahrenheit mit ihrer Fähigkeit zu schneller Adaptation. Im Zuge wachsender Komplexität von Gesellschaft wächst die Bedeutung eines transformations- und innovationsorientierten Leaderships.

Mit Blick auf den Unternehmenskontext entsteht neben den bereits bekannten Dimensionen von Management und Leadership eine zusätzliche, auf vermehrte Krisensituationen reagierende Dimension, die authentische Konsistenz trotz kontextualer Adaption des Führungsstils zulässt (Ivancic et al. i. E.). Dieser Dreiklang (Abschn. 3.3) basiert auf Ausrichtungen von Führung zwischen den Polen Management, Leadership und Command (Grint 2020).

Diese Achsen sind in einer Taxonomie begründet, die zwischen harmlosen, herausfordernden und kritischen Problemstellungen differenziert und eine Grundlage für das Konzept der Leadership-Polydextrie darstellt.

Harmlose Problemstellungen erfordern in der Regel keine umfassenden Änderungen oder tiefgreifenden Eingriffe. Sie sind oftmals routinemäßig und können mit etablierten Prozessen und **Managementmethoden** effizient gelöst werden. Hier zeigt sich die Rolle des Managers, der für die Aufrechterhaltung stabiler und funktionierender Abläufe sorgt. Führungskräfte in dieser Kategorie handeln oft innerhalb bestehender Strukturen und setzen Standardverfahren um, um den Betrieb auf Kurs zu halten (Grint 2005). Dieser Ansatz erfordert primär einen sachorientierten Führungsstil, der systematisch und strukturiert vorgeht, um die definierten Aufgaben erfolgreich umzusetzen.

In **herausfordernden**, komplexen und dynamischen **Situationen**, die sich durch Vielschichtigkeit und fehlende direkte Steuerbarkeit auszeichnen, wird eine andere Herangehensweise notwendig. Hier steht die Mobilisierung der Mitarbeitenden sowie die Transformation von Strukturen und Prozessen im Vordergrund. Der Begriff **Leadership** wird hierbei als die Fähigkeit definiert, Menschen zu inspirieren, zu motivieren und in ihrer Weiterentwicklung zu fördern. Entsprechend stehen Visionen, die Ermächtigung der Mitarbeitenden und die Schaffung eines Umfelds, das Innovation und Wandel begünstigt im Fokus. Ein menschenorientierter Führungsstil ist Voraussetzung, um Engagement zu fördern und den organisatorischen Wandel erfolgreich zu gestalten.

Bedrohliche Situationen oder **Krisen** sowie unerwartete, disruptive Veränderungen hingegen erfordern ein schnelles und entschlossenes Eingreifen. Hier werden Befehle relevant, die **Command-Dimension**, die auf einem hierarchischen und direktiven Führungsstil basiert. In solchen Momenten stehen rasche, teils unpopuläre Entscheidungen, die klare Kommunikation von Anweisungen, die disziplinierte Umsetzung und die strenge Überwachung der Maßnahmen im Vordergrund. Erfolgsentscheidend sind ein hohes Maß an Organisation, die Einhaltung von Befehlsstrukturen sowie die Bereitschaft zur raschen Entscheidungsfindung. Dieser Ansatz ermöglicht es, akute Gefahrenlagen unter Kontrolle zu bringen, kritische Situationen effektiv zu bewältigen und die Organisation sicher durch turbulente Zeiten zu navigieren.

▶ Die Kombination dieser drei Dimensionen – Management, Leadership und Command – bildet eine umfassende Grundlage für ein **adaptives Führungssystem**. Während **Management** Stabilität und Effizienz sichert, sorgt **Leadership** für Flexibilität und Weiterentwicklung. Die **Command-Dimension** ist schließlich ein Werkzeug, um in Ausnahmesituationen entschlossen und effektiv zu agieren.

Polydextrie baut auf dieser Dreiteilung auf und verbindet einzelne Extremata zielführend, wobei sie Command, Management und Leadership integriert. Die Steuerung der Organisation muss dabei auf unterschiedlichen Ebenen von der Führung (Kap. 4), über die Kulturgestaltung (Kap. 5) bis hin zur Kompetenzentwicklung (Kap. 6) die verschiedenen Ansätze integrieren – von der effizienten Verwaltung in harmlose Situationen bis hin zur visionären in komplexen, und manchmal auch autoritären Entscheidung in Krisenzeiten. „That judicious combination of manager, commander and leader is never simple, but it is necessary." (Grint 2020, S. 318).

3.3 Polydextrie

Das Konzept der Polydextrie (Abb. 3.1) basiert im Kern auf der Fähigkeit, unterschiedliche und mitunter gegensätzliche Steuerungsansätze gleichzeitig und flexibel anzuwenden. Es fordert eine authentische und glaubwürdige Anpassung der Führung an die jeweiligen kontextuellen Anforderungen, wobei verschiedene Stoßrichtungen situativ umgesetzt und dennoch miteinander in Einklang gebracht werden. Dabei ist zu berücksichtigen, dass die Wirksamkeit auf Ebene von Führung und ihre Vielseitigkeit in Abhängigkeit der Rahmenbedingungen, also der Organisationskultur, steht (Kap. 5).

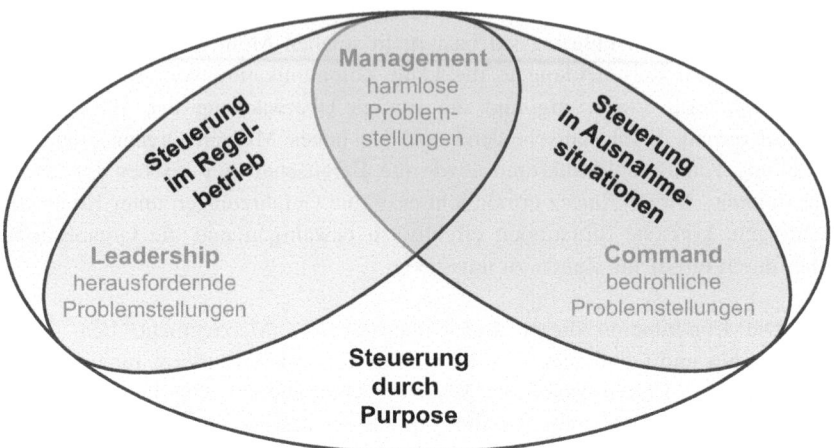

Abb. 3.1 Polydextrie. (Eigene Darstellung in Anlehnung an Grint 2020)

Diese Stoßrichtungen umfassen einerseits bewährte Vorgehensweisen, die insbesondere in Krisensituationen ihre Wirksamkeit gezeigt haben, andererseits die etablierte Handhabung alltäglicher Betriebsabläufe. Zusätzlich wird die Führung durch eine grundlegende Orientierung an klar definierten Werten, Existenzgründen und einem übergeordneten Purpose geprägt. So verbindet polydextre Organisationssteuerung unterschiedliche Ansätze zu einem integrativen Modell, das auf die variierenden Anforderungen moderner Organisationen eingeht. Dabei vereint sie die Dimensionen Management, Leadership und Command in unterschiedlichen Kombinationen, um sowohl Stabilität als auch kurzfristige Anpassungs- und langfristige Lernfähigkeit sicherzustellen. Das Modell basiert auf drei zentralen Steuerungsdimensionen, die jeweils spezifische Aspekte organisatorischer Navigation abdecken: die Steuerung im Regelbetrieb, die Steuerung in Ausnahmesituationen und die Steuerung durch Purpose.

Die **Steuerung im Regelbetrieb** adressiert die Routineprozesse und standardisierten Abläufe einer Organisation, die notwendig sind, um Effizienz und Konsistenz sicherzustellen. In diesem Kontext bildet **Management** die Grundlage für die strukturierte Planung, Organisation, Steuerung und Kontrolle der operativen Prozesse. Es stellt sicher, dass Ressourcen optimal eingesetzt und Ziele effektiv erreicht werden. **Leadership-Aspekte** ergänzen diesen Ansatz, indem sie über die rein sachorientierte Dimension hinausgehen und die menschliche Komponente integrieren. Durch die Förderung von Engagement, Motivation und Empowerment der Mitarbeitenden wird der Regelbetrieb nicht nur effizient, sondern auch zukunftsorientiert gestaltet. Leadership sorgt für die Ausrichtung an einer langfristigen, übergeordneten Vision und schafft einen Rahmen, in dem Mitarbeitende zu mitgestaltenden Akteuren werden. Die Verbindung von Management und Leadership in dieser Dimension stellt sicher, dass Organisationen sowohl effizient operieren als auch flexibel Veränderungen vorwegnehmen können. So wird der Regelbetrieb zu einem stabilen, aber antizipationsfähigen System, das durch klare Prozesse und motivierte Mitarbeitende getragen wird.

Besondere Herausforderungen an Organisationen aufgrund von Krisen oder unvorhergesehenen Ereignissen verlangen eine **Steuerung in Ausnahmesituationen**. Diese Gegebenheiten erfordern eine Kombination aus strukturiertem Management und entschlossenem Handeln im Sinne der Command-Dimension. **Management** liefert hierbei den organisatorischen Rahmen und die notwendigen Werkzeuge, um auch in unsicheren Zeiten einen klaren Überblick über Ressourcen und Prozesse zu behalten. Es sorgt dafür, dass Maßnahmen auf einer fundierten Grundlage basieren und die Koordination zwischen den beteiligten Akteuren effizient bleibt. **Command** hingegen ergänzt diesen Ansatz durch die Fähigkeit, schnell, direktiv und autoritativ zu funktionieren. Es ermöglicht rasche Entscheidungen und klare Anweisungen, die in Krisensituationen unabdingbar sind, um den Fortbestand der Organisation zu sichern. Die enge Überwachung der Maßnahmen und die strikte Einhaltung von Vorgaben garantieren dabei die notwendige Kontrolle und Disziplin. Die Verbindung von Management und Command in der Steuerung von Ausnahmesituationen erlaubt es, die Effizienz und Struktur des Managements mit der Zielgerichtetheit und Dringlichkeit des Command-Ansatzes zu kombinieren. Dies ist essenziell, um auf Krisen entschlossen und dennoch planvoll zu reagieren.

Steuerung durch Purpose bildet die umfassendste Dimension der polydextren Organisationssteuerung, da sie Aspekte von Management, Command und Leadership integriert. Sie orientiert sich an der Identität und dem übergeordneten Zweck und/oder Sinn der Organisation und verbindet strategische Zielsetzung mit operativer Umsetzung und kultureller Verankerung und wirkt so wiederum identitätsstiftend. **Management** trägt in diesem Kontext dazu bei, die langfristige Ausrichtung der Organisation systematisch zu planen und umzusetzen. Durch die Optimierung von Prozessen und Ressourcen wird gewährleistet, dass die Organisation ihre Zweckeffizienz bewahrt und ihre Ziele erreicht. **Leadership** spielt eine zentrale Rolle, indem es eine gemeinsame Vorstellung entwickelt, die sowohl den Sinn der Organisation als auch ihre Werte widerspiegelt. Sie ist die Grundlage der Identifikation der Mitarbeitenden mit der Organisation und ihrer Bereitschaft, sich an der Verwirklichung notwendiger Veränderungen zu beteiligen. Dies fördert Innovation und Wandel und schafft eine tiefere emotionale Bindung der Mitarbeitenden an die Organisation. **Command** kommt zum Tragen, wenn klare und direkte Umsetzungen erforderlich sind, etwa in Momenten durchzusetzender Aspekte einer erforderlichen Neuausrichtung oder in kritischen Übergangsphasen, ohne den Purpose aus den Augen zu verlieren. Dadurch wird eine Balance zwischen Stabilität, Flexibilität und Zielgerichtetheit geschaffen, die nicht nur kurzfristige Erfolge, sondern auch langfristige Resilienz und Nachhaltigkeit sicherstellt.

Die situationsgerechte Anwendung von Polydextrie spiegelt sich, wie bereits angeführt, sowohl in der Führung, der Gestaltung von entsprechenden Rahmenbedingungen im Sinne einer Kultivierung als auch in einer kompetenzorientierten Entwicklung von Mitarbeitenden und Führungskräften.

▶   Polydextre Organisationssteuerung bietet ein adaptives Modell, das auf die Anforderungen unterschiedlicher Kontexte eingeht. Die Steuerung im Regelbetrieb sorgt für Stabilität und Effizienz, die Steuerung in Ausnahmesituationen gewährleistet Handlungsfähigkeit in Krisen, und die Steuerung durch Purpose verbindet die operative und strategische Ebene mit der Identität der Organisation. Die Stärke der Polydextrie liegt in ihrer Vielseitigkeit und Forderung von Integrationsfähigkeit. Sie ermöglicht es, kurzfristige Stabilität und Resilienz in unsicheren Zeiten mit einer langfristigen strategischen Vision und Wertorientierung zu koppeln.

Dabei steht die Führungskraft vor der Herausforderung, nicht nur flexibel zwischen verschiedenen Ansätzen zu wechseln, sondern diese in ihrer Unterschiedlichkeit kohärent zu vermitteln und so **Polydextrie in der Führung** zu realisieren (Kap. 4). Dies ist umso besser möglich, je mehr die Gesamtkultur eine solche Unterschiedlichkeit zulässt und dies honoriert also **polydexter kultiviert** wird (Kap. 5). Eine zu jener der organisationskulturellen komplementäre Voraussetzung auf individueller Ebene stellt die Verfügbarkeit oder Entwicklung **individueller Kompetenzen** (sowohl der Führungskräfte als auch der Mitarbeitenden) dar, die sich ebenso als Polydextrie beschreiben lassen (Kap. 6).

Eine solche Herangehensweise stellt sicher, dass die Organisation in dynamischen und komplexen Umfeldern navigieren kann, ohne ihre Kernwerte und Ziele aus den Augen zu verlieren.

Literatur

Back, A., Bub, U., & Wagner, D. (2022). Organisationale Ambidextrie für Digitale Transformation gezielt entwickeln – Konzeption des „CDO-CIO Do-it Kit" auf Basis eines Reifegradansatzes. *HMD Praxis der Wirtschaftsinformatik, 59*(1), 818–839. https://doi.org/10.1365/s40702-022-00874-9

Bennis, W. G., & Nanus, B. (2007). *Leaders: Strategies for taking charge* (2. Aufl.). New York: HarperCollins.

Dytrt, Z., & Serek, R. (2020). Leadership – Management of Management. *Business and Economic Research, 10*(1), 274–283. https://doi.org/10.5296/ber.v10i1.16523

Grint, K. (2005). Problems, problems, problems: The social construction of leadership. *Human Relations, 58*(11), 1467–1494. https://doi.org/10.1177/0018726705061314

Grint, K. (2020). Leadership, Management and Command in the time of the Coronavirus. *Leadership, 16*(3), 314–319. https://doi.org/10.1177/1742715020922445

Ivancic, R. (2021). Führungsreife: Brand(ed) Leadership: Der Reifegrad ganzheitlichen, identitätsorientierten Führens und Managens. In S. Laske, A. Orthey & M. J. Schmid (Hrsg.), *PersonalEntwickeln. Das aktuelle Nachschlagewerk für Praktiker. 268. Erg.-Lfg. zum Loseblattwerk August 2021* (S. 1–35). Köln: Deutscher Wirtschaftsdienst.

Ivancic, R., Olbert-Bock, S., & Oberholzer, B. (i.E.). Leadership-Polydextrie: Zur besonderen Notwendigkeit kontextualer Führung innerhalb von Einsatzorganisationen. *zfo: Zeitschrift Führung + Organisation.*

Kakabadse, A., & Kakabadse, N. (1999). *Essence of Leadership.* London: International Thomson Press.

Lunenburg, F. C. (2011). Leadership versus Management: A Key Distinction – At Least in Theory. *International Journal of Management, Business, And Administration, 14*(1), 1–4. https://doi.org/10.24234/miopap.v3i3.15

Uthayasuriyan, K., & Kanaga, M. (2019). Inclusive Leadership Management: On Overview. *International Journal of Scientific Research, 8*(1), 401–402. https://doi.org/10.36106/IJSR

Wolan, M. (2020). *Next Generation Digital Transformation: 50 Prinzipien für erfolgreichen Unternehmenswandel im Zeitalter der Künstlichen Intelligenz.* Wiesbaden: Springer. https://doi.org/10.1007/978-3-658-24935-9

Polydextrie in der Führung 4

Führung wird häufig als die Fähigkeit definiert, Gruppen oder Organisationen zu inspirieren, zu motivieren und strategisch zu leiten, um gemeinsame Ziele zu erreichen (Northouse 2021). Ambidextrie geht davon aus, dass zu diesem Zweck sowohl die Fähigkeit gestärkt werden muss, die bestehende Wertschöpfung zu optimieren und weiterzuentwickeln, als auch zu gewährleisten, dass Veränderungen im Umsystem und neue Herausforderungen frühzeitig erkannt werden (Tushman und O'Reilly 1996).

Dass beides unterschiedliche Anforderungen an Führung stellt, liegt auf der Hand. Bestehendes weiter zu optimieren, geht mit eher wenig Risiko einher, lässt sich recht klar formulieren und erfordert effizientes Arbeiten. Beispielhafte Voraussetzungen, um neue Geschäftsfelder und Potenziale zu erkunden, sind Risikobereitschaft, Flexibilität und Experimentierfreudigkeit (Olivan und Schimpf 2018). Modernere Theorien, wie beispielsweise im Ansatz der transformationalen Führung, rücken zum Zweck der Erneuerung von Organisationen die Fähigkeit von Führungskräften in den Vordergrund, durch Visionen, Inspiration und individuelle Unterstützung tiefgreifende Veränderungen in Organisationen herbeizuführen (Burns 1978).

Angesichts ambidexter Anforderungen werden in klassischen Ansätzen mit ihrer Betonung von Persönlichkeitseigenschaften daher sowohl Durchsetzungsfähigkeit als auch Merkmale wie Charisma und Intelligenz für erfolgreiche Führung entscheidend (Bass und Bass 2008).

© Der/die Autor(en), exklusiv lizenziert an Springer Fachmedien Wiesbaden GmbH, ein Teil von Springer Nature 2025
R. Ivancic et al., *Polydextrie – Zur Notwendigkeit kontextualer Vielseitigkeit*, essentials, https://doi.org/10.1007/978-3-658-48581-8_4

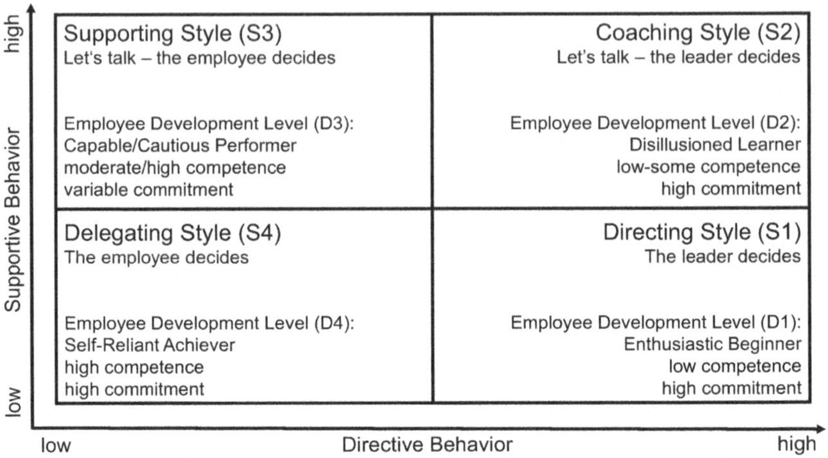

Abb. 4.1 Situativer Führungsansatz. (Eigene Darstellung in Anlehnung an Hersey und Blanchard 1969)

Was das konkrete Führungsverhalten anbetrifft, so bilden Konzepte einen passenden Rahmen, die sowohl Management als auch Leadership betonen, wie es grundsätzlich im Grid-Modell (Blake und Mouton 1964) der Fall ist, bzw. im Modell der situativen Führung (Hersey und Blanchard 1969), das postuliert, dass die Effektivität von Führungsstilen stark von der jeweiligen Situation und ihrer Neuartigkeit sowie den Kompetenzen der Geführten abhängt. Der situative Ansatz ermöglicht eine flexible Anpassung des Führungsverhaltens an wechselnde organisatorische Anforderungen und ist in der Praxis weit verbreitet. Angewendet auf Ambidextrie handelt es sich um Führungsaktivitäten, die in unterschiedlichem Ausmaß eigenständiges und variables Verhalten der Mitarbeitenden vermeiden, zulassen oder aktiv fördern (Rosing et al. 2011; Tushman et al. 2011).

Allerdings ist ein auf Potenziale und langfristige Veränderungen gerichtetes Verhalten und eine dies unterstützende Führung nicht dasjenige, das in Krisensituationen erforderlich ist. Zwar profitieren Krisensituationen beispielsweise von den Anteilen der steigenden Verhaltensvariabilität, aber nicht zwangsläufig von jenen einer höheren Risikobereitschaft, Innovationsaffinität oder Experimentierfreudigkeit – was insbesondere am Beispiel des Kernauftrags von Einsatzorganisationen erkennbar wird (Griffin und Hu 2013; Klonek et al. 2020). So ist vielmehr gefordert, flexibel auf ein klar gefordertes Verhalten einschwenken zu können, zu wollen und im Krisenmodus im Wortsinn zu agieren (Abb. 4.1).

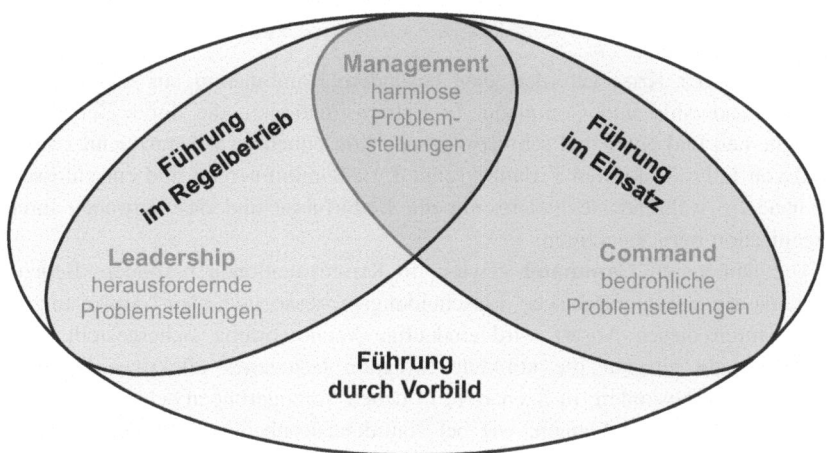

Abb. 4.2 Polydextrie in der Führung. (Eigene Darstellung in Anlehnung an Grint 2020)

Trotz der Vielzahl an theoretischen Modellen bleibt die Umsetzung effektiver Führung in der Praxis herausfordernd. Eine zentrale Problematik besteht darin, konkretes Verhalten von Mitarbeitenden sowohl gezielt einzufordern als auch autonom zuzulassen, das heißt in der Balance zwischen autokratischer und partizipativer Führung. Während autoritäre Führung schnelle Entscheidungen ermöglicht, betont partizipative die Einbindung von Mitarbeitenden in Entscheidungsprozesse und fördert so Engagement, das Erkennen von Geschäftspotenzialen und Innovation (Goleman 2000). Studien zeigen, dass ein situativ angepasster Führungsstil besonders in dynamischen und komplexen Umfeldern erfolgreich ist (Yukl 2013).

Führung ist ein vielschichtiges Konzept, das in verschiedenen Kontexten und unter unterschiedlichen Bedingungen unterschiedlich ausgestaltet werden muss. Die Polydextrie in der Führung stellt eine Methodik dar, die die gezielte Verknüpfung und den Ausgleich verschiedener Facetten ermöglicht, um komplexe Herausforderungen effektiv zu bewältigen (Abb. 4.2).

Diese Dimensionen umfassen Leadership, Management und Command, die in verschiedenen Kombinationen je nach Anforderung innerhalb einer Führung in der Krise, Führung im Regelbetrieb und Führung durch Vorbild zum Einsatz kommen.

4.1 Führung in der Krise

Führung in der Krise erfordert eine besondere Kombination aus den Dimensionen Leadership und Command. In Extremsituationen, die durch Zeitdruck, Unsicherheit und potenziell schwerwiegende Konsequenzen gekennzeichnet sind, wird von Führungskräften verlangt, schnell, risikominimierend und entschlossen zu handeln, während sie gleichzeitig die Bedürfnisse und das Vertrauen ihrer Organisation berücksichtigen.

Die Dimension **Command** gewinnt in Krisensituationen besondere Bedeutung, da sie auf hierarchische Entscheidungsprozesse und klare Anweisungen setzt. Durch diesen Ansatz wird eindeutige Verantwortung sichergestellt, was schnelles und ein auf die konkrete Situation bezogenes effektives Handeln erleichtert. Insbesondere in Szenarien, in denen Verzögerungen schwerwiegende Konsequenzen haben können, wie bei Naturkatastrophen oder technologischen Störungen, ist Command unabdingbar. Gleichzeitig können jedoch starre autoritäre Ansätze ohne ausreichende Berücksichtigung menschlicher Faktoren zu Spannungen und einer Einschränkung der langfristigen Funktionsfähigkeit der Organisation führen.

Leadership hingegen betont die Bedeutung von Vertrauen, Inspiration und moralischer Widerstandsfähigkeit. Gerade in einer Umgebung hoher Belastung ist es notwendig, Orientierung zu bieten und die Gefühlslage der geführten Personen ernst zu nehmen. Leadership ermöglicht es, das Engagement und die Loyalität der Mitarbeitenden auch in schwierigen Zeiten zu bewahren. Es schafft eine Grundlage, auf der Resilienz aufgebaut werden kann, und fördert eine kooperative Kultur, die notwendige Anpassungen und kreative Problemlösungen begünstigt.

Die zentrale Herausforderung in der Krisenführung besteht darin, beide Dimensionen ausgewogen und kontextsensitiv einzusetzen. Während Command schnelle Entscheidungen und klare Anweisungen ermöglicht, sorgt Leadership dafür, dass die Organisation nicht in eine starre und potenziell dysfunktionale Struktur verfällt.

Diese Balance kann beispielsweise in militärischen oder zivilen Katastrophenszenarien beobachtet werden, wo autoritative Anweisungen unabdingbar sind, aber auch empathische Kommunikation und teamorientiertes Denken eine entscheidende Rolle spielen.

4.2   Führung im Regelbetrieb

Im Gegensatz zur Krise zeichnet sich der Regelbetrieb durch stabile und vorher-
sehbare Bedingungen aus. In diesem Kontext ist die Kombination von Leadership
und Management entscheidend, um Effizienz und strategische Zielerreichung zu
gewährleisten. Dabei erfüllen Management und Leadership jeweils spezifische
und komplementäre Rollen, deren Ausbalancierung für den langfristigen Erfolg
einer Organisation zentral ist.

Die Dimension **Management** fokussiert auf die Planung, Organisation und
Kontrolle von Prozessen sowie den effektiven Einsatz von Ressourcen. Diese
Aufgaben schaffen Stabilität und strukturelle Effizienz, die für den reibungslosen
Ablauf des Regelbetriebs unverzichtbar sind. Insbesondere in stabilen Umfel-
dern ermöglicht ein starkes Management, dass definierte Abläufe eingehalten und
optimiert werden, wodurch operative Ziele effizient erreicht werden können.

Leadership hingegen ergänzt diese strukturelle Stabilität durch eine langfristige Perspektive, die auf Visionen, Innovation und die Weiterentwicklung der
Organisation abzielt. Führungskräfte inspirieren und motivieren ihre Mitarbeitenden, was nicht nur die Identifikation mit den Unternehmenszielen fördert, sondern
auch die Bewältigung wiederholender oder monotoner Aufgaben erleichtert. Dieser Ansatz verhindert Ermüdung und Demotivation, die im Regelbetrieb auftreten
können.

Der Erfolg im Regelbetrieb hängt maßgeblich davon ab, wie gut eine
Führungskraft die Balance zwischen Management und Leadership wahrt. Ein
einseitiger Fokus auf Management könnte zu starren Strukturen und einem Mangel an Innovationsfähigkeit führen, während ein übermäßiger Schwerpunkt auf
Leadership die organisatorische Stabilität gefährden und ineffiziente Prozesse
begünstigen könnte.

Dieses notwendige Gleichgewicht wird besonders deutlich in Unternehmen,
die kontinuierlich operative Effizienz anstreben müssen, gleichzeitig aber auch
ihre strategischen Prioritäten verfolgen. Ein Beispiel hierfür ist die Führung in
Unternehmen, die einerseits strenge Lieferfristen und Qualitätsstandards einhalten
und andererseits Markttrends analysieren und neue Geschäftsfelder erschließen
müssen. In diesem Spannungsfeld erweist sich die Fähigkeit der Führungskraft, zwischen den beiden Dimensionen von Leadership und Management zu
vermitteln, als entscheidender Erfolgsfaktor.

4.3   Führung durch Vorbild

Führung durch Vorbild repräsentiert die umfassendste Form einer Polydextrie in der Führung, da sie die Dimensionen Leadership, Management und Command integriert. Diese Art der Führung basiert darauf, dass die Führungskraft durch ihr eigenes Verhalten Werte, Normen und Erwartungen vorlebt und so andere inspiriert und implizit in die Verantwortung nimmt, diesen Weg ebenfalls einzuschlagen.

Leadership nimmt dabei eine zentrale Rolle ein, indem es durch visionäres Denken und inspirierende Kommunikation eine Richtung vorgibt, die Nachahmung fördert und die Identifikation der Mitarbeitenden mit den Zielen der Organisation stärkt. **Management** ergänzt diese Rolle, indem es sicherstellt, dass die durch Vorbildwirkung geprägten Werte und Verhaltensweisen in die organisatorischen Strukturen und Prozesse eingebettet werden, wodurch eine nachhaltige Verankerung und Verstetigung erreicht werden. **Command** fungiert als situative Verstärkung, indem es in bestimmten Kontexten klare und verbindliche Handlungsanweisungen gibt, die die Autorität und Konsistenz der Vorbildfunktion unterstreichen.

Die Wirksamkeit der Führung durch Vorbild ist besonders ausgeprägt in Organisationen, die eine starke Unternehmenskultur pflegen und auf kollektive Werte setzen. Diese Führungsform erfordert von der Führungskraft ein hohes Maß an Integrität, Selbstdisziplin, kritischer Selbstreflexion und Authentizität (Abschn. 6.3), um das Vertrauen der Mitarbeitenden zu gewinnen und langfristig zu erhalten. Die Fähigkeit, situativ zwischen den Dimensionen Leadership, Management und Command zu wechseln, ist dabei essenziell.

Ein praktisches Beispiel für die Umsetzung dieser Führungsform findet sich in Non-Profit Organisationen oder Bildungseinrichtungen. In solchen Kontexten, in denen intrinsische Motivation und persönliche Identifikation mit der Mission eine zentrale Rolle spielen, hat das authentische Verhalten der Führungskraft einen besonders hohen Stellenwert. So kann die Führung einer wohltätigen Organisation durch seine transparente, engagierte und werteorientierte Haltung das Vertrauen und die Motivation seiner Mitarbeitenden sowie der unterstützenden Gemeinschaft erheblich steigern.

4.4 Führung in Einsatzorganisationen

Polydextrie in der Führung setzt auf die Fähigkeit von Führungskräften, situationsgerecht und stilflexibel auf verschiedene Anforderungen zu reagieren. Im Kontext der Polizeiarbeit lassen sich diese Dimensionen exemplarisch nachvollziehbar illustrieren.

Beispiel

In einer Krisensituation und einer **Führung im Einsatz** können zögerliche Entscheidungen und Unsicherheiten hinsichtlich effizienter und schlagkräftiger Abläufe fatal sein. So muss bei einer Geiselnahme die leitende Führungskraft in kürzester Zeit eine Vielzahl von Informationen, von der Anzahl der Geiseln, der Bewaffnung der Täter oder möglicher Fluchtwege schnellstmöglich bewerten. Dabei agiert sie direktiv und gibt klare Anweisungen wie bspw. zur Gebäudesicherung oder der Positionierung von Scharfschützen. Parallel koordiniert sie die Kommunikation mit spezialisierten Einsatzkräften und Krisenpsychologen. Zeitdruck und hohe Unsicherheit erfordern eine hierarchische Führungsweise, bei der Entscheidungen nicht delegiert, sondern zentral getroffen werden. Dabei muss die Führungskraft ruhig bleiben und Vertrauen ausstrahlen, um die Einsatzkräfte in einer stressgeladenen Umgebung zu stabilisieren und zu gewährleisten, dass sie gefordertes und eingeübtes Verhalten zeigen. Abweichungen von eingeübten Abläufen führen zu Irritationen und erhöhen die Bedrohungslage.

Der **Regelbetrieb der Polizei** umfasst tägliche Aufgaben wie Streifendienste, Verkehrskontrollen und die Bearbeitung administrativer Vorgänge. In diesem Kontext agiert die Führungskraft eher kooperativ und prozessorientiert. So werden z. B. im Rahmen regelmäßiger Sitzungen operative Abläufe geplant, aktuelle, aber auch mittelfristige Herausforderungen sowie Ansatzpunkte für strategische Veränderungen besprochen und Aufgaben verteilt. Hierbei legt die Führungskraft Wert auf Partizipation und Polizeibeamte werden aufgefordert, ihre Erfahrungen und Vorschläge einzubringen. Der Leiter gibt einen Rahmen vor, in dem Transparenz und Konsistenz im Fokus stehen. Gleichzeitig stellt er sicher, dass die Zielvorgaben der übergeordneten Behörden eingehalten werden. Diese Art der Führung fördert die Eigenverantwortung der Beamten und erhöht die Effizienz des Regelbetriebs. Gleichzeitig schafft sie Raum für Erneuerungen, Verbesserung und Optimierung. Dadurch wird auch die Einsatzfähigkeit des Korps sichergestellt.

Führung durch Vorbild ist insbesondere im polizeilichen Kontext essenziell, da das Verhalten der Führungskräfte einen direkten Einfluss auf die moralischen und ethischen Standards der gesamten Organisation hat. Dies kann am Beispiel eines internen Fehlverhaltens oder Korruptionsfalls anschaulich illustriert werden. Sollte eine Führungskraft von der Annahme von Bestechungsgeldern durch einen Beamten erfahren, gilt es Vertuschungsversuchen entgegenzuwirken und klare Zeichen zu setzen. So sind umfassende Untersuchungen einzuleiten und im Rahmen interner Kommunikationsmaßnahmen die Bedeutung von Integrität und Gesetzestreue zu betonen. Dies in Kombination mit vorbildhaftem Verhalten und offener Kommunikation verdeutlicht, dass ethische Prinzipien und eine klare Ausrichtung am Existenzgrund der Organisation nicht verhandelbar sind. Unterstützende Workshops schaffen ein Bewusstsein dafür, dass Ethik und Professionalität notwendige Basis einer Polizei als Institution sind, die nicht nur Recht durchsetzen, sondern auch moralisch einwandfrei agieren muss. ◄

▶ Polydextrie in der Führung innerhalb der Polizei zeigt sich in der Anpassungsfähigkeit der Führungskraft an unterschiedliche Anforderungen. In der Krise dominieren Schnelligkeit und Direktheit; im Regelbetrieb stehen Koordination und langfristige Effizienz – und mit ihr die Notwendigkeit zu Innovation – im Vordergrund; und durch Vorbildfunktion werden Werte und Standards etabliert. Gemeinsam tragen diese Dimensionen dazu bei, dass Polizeiarbeit nicht nur effektiv, sondern auch verantwortungsbewusst und ethisch angemessen erfolgt.

Führung vollzieht sich immer innerhalb des Organisationssystems und hat sowohl direkt im Sinne von Verhalten als auch indirekt durch die Gestaltung von Rahmenbedingungen großen Einfluss auf die Kulturgenese.

Literatur

Bass, B. M., & Bass, R. (2008). *The Bass Handbook of Leadership: Theory, Research, and Managerial Applications.* New York: Free Press.
Blake, R. R., & Mouton, J.S. (1964). *The Managerial Grid: The Key to Leadership Excellence.* Houston, Gulf Publishing.
Burns, J. M. (1978). *Leadership.* New York: Harper & Row.
Goleman, D. (2000). Leadership that Gets Results. *Harvard Business Review, 78*(2), 78–90.

Griffin, M. A., & Hu, X. (2013). How leaders differentially motivate safety compliance and safety participation: The role of monitoring, inspiring, and learning. *Safety Science, 60,* 196–202. https://doi.org/10.1016/j.ssci.2013.07.019

Grint, K. (2020). Leadership, Management and Command in the time of the Coronavirus. *Leadership, 16*(3), 314–319. https://doi.org/10.1177/1742715020922445

Hersey, P., & Blanchard, K. H. (1969). Life Cycle Theory of Leadership. *Training and Development Journal, 23*(5), 26–34.

Klonek, F. E., Gerpott, F. H., & Parker, S. K. (2020). A conceptual replication of ambidextrous leadership theory: An experimental approach. *The Leadership Quarterly, 34*(4),101473. https://doi.org/10.1016/j.leaqua.2020.101473

Northouse, P. G. (2021). *Leadership: Theory and Practice.* Thousand Oaks: Sage.

Olivan, P., & Schimpf, S. (2018). Ambidextre Organisation als Stellhebel zur erfolgreichen Entwicklung radikaler Innovationen. *Ideen- und Innovationsmanagement, 44*(4), 112–116. https://doi.org/10.37307/j.2198-3151.2018.04.04

Rosing, K., Frese, M., & Bausch, A. (2011). Explaining the heterogeneity of the leadership-innovation relationship: Ambidextrous leadership. *The Leadership Quarterly, 22*(5), 956–974. https://doi.org/10.1016/j.leaqua.2011.07.014

Tushman, M. L., & O'Reilly, C. A. (1996). Ambidextrous Organizations: Managing Evolutionary and Revolutionary Change. *California Management Review, 38*(4), 8–29. https://doi.org/10.2307/41165852

Tushman, M. L., Smith, W. K., & Binns, A. (2011). The ambidextrous CEO. *Harvard Business Review, 89*(6), 74–80.

Yukl, G. (2013). Leadership in Organizations. Boston: Pearson.

Polydextrie in der Kulturgestaltung 5

Die Betrachtung von Unternehmenskultur als entscheidenden Faktor für den Unternehmenserfolg hat sich seit einigen Jahrzehnten weitläufig in Wissenschaft und Praxis durchgesetzt (Berkel und Herzog 1997). So konnten (Peters und Waterman bereits 1982) Leistungsunterschiede von Organisationen ähnlicher Strukturen, Systeme und Strategien mit Variationen in der Unternehmenskultur erklären.

Dies ist u. a. darauf zurückzuführen, dass Kultur das Verhalten von Menschen lenkt und dabei Komplexität reduziert (Doppler und Lauterburg 1996), was für Stabilität und Sicherheit sorgt. Dabei liegen die wesentlichen Elemente von Kultur im Verborgenen, was durch die metaphorische Beschreibung von **Kultur als Eisberg** (Sackmann 2004) zum Ausdruck gebracht wird (Abb. 5.1). Während sichtbare kulturelle Aspekte wie Symbole und Artefakte relativ leicht zu identifizieren sind, sind die entscheidenden unsichtbaren schwer veränderbar (Kotter und Heskett 1992). Dennoch sind solche Transformationen im Lebenszyklus einer Organisation oft unerlässlich, um die Systemstabilität und Anpassung an sich ändernde Bedingungen zu gewährleisten (Ivancic 2020).

Kultur lässt sich dabei kaum verordnen, sondern primär indirekt lenken, indem das Dreieck unmittelbar entlang von Kultur, Struktur und Verhalten gestaltet wird (Ivancic und Camozzi 2016). Dies erfordert die Beeinflussung des Dualismus von **Organisation** und **Individuum** bzw., den Handlungsweisen der Beteiligten (Giddens 1984) in Form von **Kontextmanagement** (Rieckmann 2005) und **Personalmanagement** (Scholz 2000), bzw. von Organisations- und Personalentwicklung. Insbesondere das Verhalten von Führungskräften (Kap. 4) hat einen maßgeblichen Einfluss auf die Ausprägung der Unternehmenskultur (Schein 1995).

© Der/die Autor(en), exklusiv lizenziert an Springer Fachmedien Wiesbaden GmbH, ein Teil von Springer Nature 2025
R. Ivancic et al., *Polydextrie – Zur Notwendigkeit kontextualer Vielseitigkeit*, essentials, https://doi.org/10.1007/978-3-658-48581-8_5

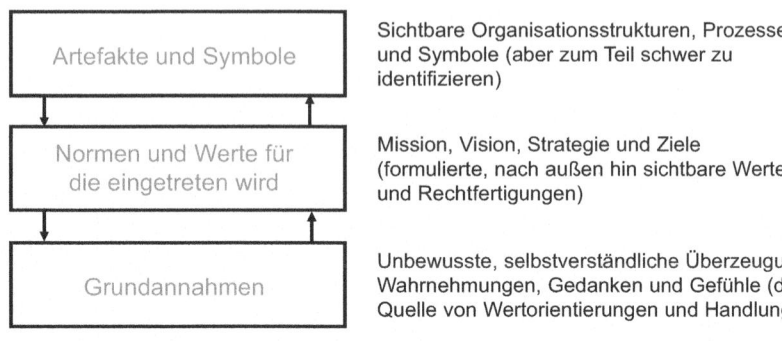

Abb. 5.1 Ebenen der Unternehmenskultur. (Eigene Darstellung in Anlehnung an Schein 1999)

Die Kulturgestaltung in Organisationen ist ein komplexes Zusammenspiel unterschiedlicher Dimensionen, die je nach Kontext und Zielsetzung variiert werden müssen. Dabei lassen sich verschiedene Frameworks, Instrumente und Kulturinventaransätze identifizieren, wie bspw. das Organizational Culture Assessment Instrument OCAI (Cameron und Quinn 1999) oder das Organizational Effectiveness Inventory (Cooke und Lafferty 2025) bzw. der Kulturkompass (z. B. kununu 2025). Je nach Zweck betrachten sie sehr unterschiedliche Kulturelemente. Das Konzept der Polydextrie stellt eine mehrdimensionale Herangehensweise dar, um verschiedene Anforderungen in der Kulturentwicklung zu integrieren (Abb. 5.2).

Dem Gesamtansatz folgend kann zwischen drei grundlegenden kulturellen Ausprägungen differenziert werden: Kultur in der Krise, Kultur im Regelbetrieb und Vertrauenskultur. Jede dieser Kulturdimensionen zeichnet sich durch die spezifische Gewichtung und Integration der Elemente Leadership, Management und Command aus.

5.1   Kultur in der Krise

In der Krise ist die Organisation mit einer Ausnahmesituation, akuten Bedrohungen und teils unvorhersehbaren Herausforderungen konfrontiert. Dabei müssen strukturelle Rahmenbedingungen ein schnelles und entschlossenes Handeln ermöglichen. Langwierige Abstimmungsprozesse und organisationaler Spielraum bergen ein erhebliches Risiko.

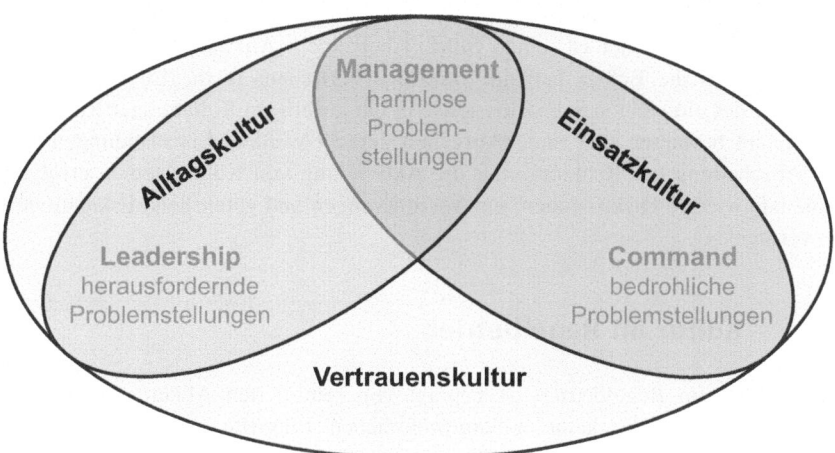

Abb. 5.2 Polydextrie in der Kulturgestaltung. (Eigene Darstellung in Anlehnung an Grint 2020)

Dementsprechend sind sichtbare Kulturmerkmale die **strikten Abläufe** und eine **klare Aufbau-** sowie **Ablauforganisation,** die Verzögerungen minimieren und effektive sowie effiziente Reaktionen gewährleisten. Eine hierarchische Entscheidungsstruktur und klare Prozesse helfen, Koordinationsnotwendigkeiten zu minimieren und die Handlungsfähigkeit zu erhalten. Organisationale Subsysteme sind entsprechend straff organisiert und bieten nur ein begrenztes Maß an sinnvollen Handlungsoptionen. Rollen, Funktionen und Aufgaben sind klar verteilt und im Rahmen von Notfallübungen, Stresstests und Szenarienplanungen trainiert und internalisiert.

Vertrauen und Inspiration vermitteln Zuversicht und stellen die Handlungsfähigkeit der Belegschaft trotz Unsicherheit sicher. Kommunikationsprozesse und Befehlsschemata sind monodirektional und klar zu regeln. Für antizipierbare und/ oder wiederkehrende Krisensituationen bestehen systematisch ausgearbeitete und umzusetzende Vorgehensweisen. Sie geben nur in Ausnahmefällen, wie bspw. berechtigen Umsetzungsbedenken, Platz für Feedback und Widerspruch. Auf diese ist allerdings im Sinne der **Leadership-Dimension** adäquat und präzise zu reagieren und dann schnellstmöglich wiederum in den Command-Modus zu wechseln.

In einer Krisenkultur sind Leadership und Command keine Gegensätze, sondern sich ergänzende Vorgehensweisen, die gemeinsam die Basis für ein erfolgreiches Krisenmanagement bilden. Ein Beispiel hierfür ist ein Notfallplan, der darauf ausgerichtet ist, einen Störfall bei einem Atomkraftwerk zu bewältigen. So soll die Belegschaft aufgrund des Vertrauens in die Effektivität und Effizienz des eingeübten Szenarios sowie in die jeweiligen Rollenträger Ruhe und Zuversicht bewahren und ihren Aufgaben gerecht werden. Entscheidungen wie die Abschaltung des Reaktors oder die Aktivierung von Kühlsystemen erfolgen ohne langwierige Diskussionen, um Verzögerungen und gefährliche Eskalationen zu vermeiden.

5.2   Kultur im Regelbetrieb

Eine Kultur im Regelbetrieb ist geprägt von routinierten Abläufen und einer stabilen Umwelt, die keine außergewöhnlichen Eingriffe erfordert. Anforderungen an eine Organisationskultur unterscheiden sich deutlich von jenen in Krisensituationen und der Fokus liegt auf **langfristiger Stabilität, effizientem Ressourceneinsatz** und **kontinuierlicher Weiterentwicklung**.

Systeme sind dementsprechend auf die aktuelle Leistungserstellung sowie die strategische Weiterentwicklung der Organisation und die Entwicklung der Mitarbeitenden ausgerichtet. Es geht um die Schaffung eines produktiven und motivierenden Umfelds sowie langfristige Ziele.

Organisational Slack oder Überkapazitäten gewährleisten ein über die aktuelle Leistungserstellung hinaus gehendes betriebliches Lernen, Teilung von Wissen, Innovation und die **Erneuerung der Organisation**. Dies bietet u. a. Spielraum, um Vorgehensweisen in Krisen zu reflektieren und zielführend zu optimieren. Dialog, Austausch auf Augenhöhe, Wissensmanagement- sowie Forschungs- und Entwicklungssysteme stellen eine kontinuierliche Verbesserung sicher.

Auf der anderen Seite gilt es, den Regelbetrieb effizient zu steuern, strukturelle Stabilität sicherzustellen und tägliche Arbeitsprozesse so ressourcenschonend wie möglich zu gestalten. Ein zentraler Aspekt dabei ist die Qualität in der aktuellen Leistungserbringung, die konsequent gesichert und kontinuierlich verbessert werden muss. So werden neben strategisch relevanten Adaptionen auch operative Anforderungen der Organisation erfüllt, während gleichzeitig höchste Standards in der Umsetzung gewährleistet bleiben.

Im Regelbetrieb sind Management und Leadership gleichermaßen gefordert, denn sie gewährleisten eine balancierte Arbeit im als auch am System und sichern die Zukunftsfähigkeit der Organisation. So gibt es z. B. in der IT-Abteilung eines mittelständischen Unternehmens klar definierte Prozesse und Arbeitsabläufe, die es den Mitarbeitenden ermöglichen, ihre täglichen Aufgaben effizient und ohne größere Störungen zu erledigen. Es werden regelmäßige Wartungen von Systemen durchgeführt, Software-Updates im Voraus geplant und die IT-Infrastruktur kontinuierlich überwacht, um reibungslose Arbeitsabläufe sicherzustellen. Weiterbildungsprogramme und Schulungen sind fest in die Arbeitskultur integriert, sodass Mitarbeitende ihre Fähigkeiten stetig ausbauen und ihre Employability sicherstellen können. Gleichzeitig wird durch gezielte Investitionen in Forschung und Entwicklung sowie durch ein Wissensmanagement-System eine Kultur des kontinuierlichen Lernens und der Innovation gepflegt, um im schnelllebigen Technologieumfeld am Puls der Zeit bleiben zu können.

5.3 Vertrauenskultur

Der anspruchsvolle Wechsel zwischen verschiedenen kulturellen Sphären innerhalb einer Organisation ist nicht nur ein dynamischer Anpassungsprozess, sondern er erfordert eine Atmosphäre des Vertrauens. Es ist die Vertrauenskultur, die den Rahmen bietet, dass die Dimensionen Leadership, Management und Command nicht isoliert nebeneinanderstehen, sondern auf eine harmonische und synergetische Weise ineinandergreifen.

Vertrauenskultur schafft ein Fundament aus Resilienz, Flexibilität und Innovationsfähigkeit, und ist dadurch in der Lage, sowohl Stabilität als auch Agilität in einer sich wandelnden Umgebung zu gewährleisten. Ein **gemeinsames Werteverständnis** und Klarheit über den **Existenzgrund** und den **übergeordneten Purpose** der Organisation vermittelt Halt und Sicherheit.

Wesentliche Elemente wie Beständigkeit, Transparenz, Integrität und authentisches Verhalten fördern dabei die Bindung und das Vertrauen innerhalb der Organisation.

Mit Blick auf Führung liegt hier das verbindende Element, das es den Individuen innerhalb der Organisation ermöglicht, zwischen verschiedenen Arbeitsweisen und Denkweisen zu navigieren, ohne dass die Kohärenz oder Effizienz der Organisation leiden. Dieses ist auch Voraussetzung dessen, dass polydexter agierende Führungskräfte nicht als unberechenbar und sprunghaft wahrgenommen werden. Wie wichtig Konsistenz der gelebten Werte über die verschiedenen Führungsebenen hinweg für Vertrauen ist, zeigen beispielsweise Erkenntnisse zum Sicherheitsverhalten von Mitarbeitenden (He et al. 2020), das unter gestressten Führungskräften beeinträchtigt ist.

Der Aufbau entsprechender Strukturen, Prozesse und Ressourcen, erleichtert Mitarbeitenden die Übernahme von Verantwortung. Fehler werden als Lernchancen gesehen, was die Innovationsfähigkeit der Organisation stärkt. Dies ist Voraussetzung dafür, dass in Krisen Anordnungen gefolgt wird, und diese schnellstmöglich umgesetzt werden.

Ein Beispiel stellt ein Technologieunternehmen dar, das in einem schnelllebigen Markt tätig ist und auf ihn regelmäßig innovative Produkte bringt. Dabei kann es notwendig sein, dass in der frühen Entwicklungsphase ein experimenteller Ansatz erforderlich ist, der auf Innovation und Risikobereitschaft setzt. Sobald das Produkt jedoch in die Testphase übergeht und sich die ersten Rückmeldungen aus dem Markt abzeichnen, wird eine pragmatischere Herangehensweise notwendig. Durch die vertrauensvolle Atmosphäre im Unternehmen können diese unterschiedlichen Stile kombiniert werden und Mitarbeitende arbeiten und denken in jeder Phase des Projekts verantwortungsvoll mit und agieren je nach Notwendigkeit different.

In einer solchen Kultur ist der Übergang von einem Zustand der Unsicherheit und Komplexität zu einer geordneten, effektiven Krisenbewältigung ein gut etablierter Prozess, der von Vertrauen, Verantwortungsbewusstsein und einer gemeinsamen Vision getragen wird und dabei notwendige Resilienz der Mitarbeitenden (Kap. 6) sicherstellen hilft.

5.4   Kultur in Einsatzorganisationen

Kultur-Polydextrie beschreibt also die Fähigkeit einer Organisation, ihre kulturellen Muster flexibel an verschiedene Situationen anzupassen, um ihre Funktionsfähigkeit und Wertorientierung zu erhalten. In der Polizeiarbeit ermöglicht sie, komplexe Anforderungen durch eine konsistente und zugleich adaptive Kultur zu bewältigen.

Beispiel

In Krisen, wie etwa terroristischen Angriffen, verdeutlicht sich eine **Krisenkultur** bei der Polizei in ihrer Fähigkeit, schnell und effektiv zu reagieren, ohne von ihrer professionellen und wertebasierten Grundhaltung abzuweichen. Bei einer Terrorwarnung, während eines öffentliche Großevents stützt sich die Organisation auf eine stark ausgeprägte Sicherheits- und Einsatzkultur, die durch systematische Vorgehensweisen, vorhergehende Trainings und klare Protokolle gefestigt wurde. Einheiten sind darauf vorbereitet, innerhalb kürzester Zeit ihre Rollen einzunehmen, etwa die Evakuierung von Menschen zu leiten oder präventive Maßnahmen zu ergreifen. Die spezifische Kultur manifestiert sich durch die Bereitschaft, Verantwortung zu übernehmen, sich an die einstudierten Schemata zu halten und persönliche Risiken einzugehen, um die Sicherheit der Allgemeinheit zu gewährleisten. Gleichzeitig wirkt die kulturelle Verankerung von Disziplin und Kameradschaft als stabilisierender Faktor. Führungskräfte betonen in dieser Phase die Werte von Zusammenhalt, Mut und Professionalität, um den Teams Orientierung und Resilienz zu geben.

Eine **Kultur im Regelbetrieb** ist durch routinierte und strukturierte Abläufe geprägt. Diese Dimension der Organisationskultur stellt Kontinuität, Effizienz und Verlässlichkeit sicher. Ein Beispiel sind Tätigkeiten, die auf die Prävention und Aufklärung von Alltagskriminalität wie Diebstahl oder Verkehrsunfällen ausgerichtet sind. Kare Zuständigkeiten und einheitliche Prozesse gewährleisten eine gleichbleibend hohe Qualität der Arbeit. Die Kultur stützt sich auf Prinzipien wie Professionalität, Rechtstreue und Serviceorientierung. Sie schafft eine Atmosphäre der Stabilität, in der Mitarbeitende wissen, welche Erwartungen an sie gestellt werden. Gleichzeitig bietet sie durch Freiräume, offene Kommunikationswege und Dialog, Möglichkeiten Innovation und Veränderungen anzustoßen, umzusetzen und zu verstetigen. So wird sichergestellt, dass die Einsatzorganisation auch für neue Herausforderungen wie bspw. zunehmende Cyberkriminalität gerüstet ist und Umwelttransformationen sowie sich ändernde Ansprüche von Stakeholdern proaktiv antizipieren kann.

Vertrauenskultur schafft ein wertorientiertes Umfeld, in dem sich Mitarbeitende sicher fühlen und ihre Arbeit mit Überzeugung und Engagement ausführen. Die Dimension zeigt sich in der Art und Weise, wie die Organisation ethische Standards und zwischenmenschliches Vertrauen fördert und so für soziale Kohäsion sorgt. Dies lässt sich beispielhaft am Umgang mit Stress und psychischen Belastungen innerhalb einer Polizeieinheit illustrieren. So ermutigt eine starke Vertrauenskultur Mitarbeitende, offen über Herausforderungen zu sprechen. Workshops zu Resilienz und psychischer Gesundheit sowie die Bereitstellung von anonymen Beratungsangeboten unterstreichen das Commitment der Organisation, für das Wohlergehen ihrer Mitarbeitenden einzustehen. Vertrauenskultur zeigt sich auch im Umgang mit Fehlern. Statt Schuldzuweisungen, wird eine Lernkultur gefördert, in der Fehler als Chance zur Weiterentwicklung genutzt werden. Führungskräfte, die in kritischen Situationen Verantwortung übernehmen und gleichzeitig die Leistungen ihrer Mitarbeitenden wertschätzen, tragen maßgeblich zur Stärkung des gegenseitigen Vertrauens bei.◄

▶ Die Organisationskultur der Polizei muss flexibel genug sein, um in Krisen sofort handlungsfähig zu sein und den Regelbetrieb zu gewährleisten, sowie ihn angesichts sich verändernder Anforderungen proaktiv zu gestalten bzw. zu versuchen, Einfluss auf Entscheidungen zu nehmen. Dies auf einer kulturellen Basis, die – durch die Erhaltung und Förderung von Vertrauen – Führungskräften dieses Switchen zubilligt. In ihrer Gesamtheit ermöglicht Kultur-Polydextrie, dass die Polizei als Institution effektiv und verantwortungsvoll agieren kann, selbst in einem komplexen und dynamischen Umfeld. Eine krisenerprobte Kultur sichert das Überleben und die unmittelbare Bewältigung von extremen Situationen, während Kultur im Regelbetrieb für Stabilität und Entwicklung sorgt. Vertrauenskultur bildet das Fundament, auf dem langfristige Loyalität und ethisches Verhalten der Organisationsmitglieder beruhen.

Um Polydextrie als Führungs- respektive operative Einsatzkraft umfänglich entfalten zu können, ist ein spezifisches Kompetenzset erforderlich, dass einen Wechsel zwischen unterschiedlichen Haltungen und Stilen überhaupt erst ermöglicht.

Literatur

Berkel, K., & Herzog, R. (1997). *Unternehmenskultur und Ethik.* Heidelberg: Sauer.
Cameron, K. S., & Quinn, R. E. (1999). *Diagnosing and Changing Organizational Culture based on The Competing Values Framework.* New York: Prentice-Hall.
Cook, R. A., & Lafferty (2025). *Organizational Effectiveness Inventory.* Aufgerufen am 17.02.2025 von https://www.humansynergistics.com/de/produkte/produkte-fuer-org anisationen/auswertungen-fuer-organisationen/organizational-effectiveness-inventory/
Doppler, K. C., & Lauterburg, C. (1996). *Change Management: Den Unternehmenswandel gestalten* (5. Aufl.). München: Campus.
Giddens, A. (1984). *The Constitution of Society: Outline of the Theory of Structuration.* Berkley: University of California Press. https://doi.org/10.1007/978-3-658-13213-2_80
Grint, K. (2020). Leadership, Management and Command in the time of the Coronavirus. *Leadership, (3)*16, 314–319. https://doi.org/10.1177/1742715020922445
He, C., McCabe, B., Jia, G., & Sun, J. (2020). Effects of safety climate and safety behavior on safety outcomes between *supervisors and construction workers. Journal of construction engineering and management, (1)*146, Artikel 04019092. https://doi.org/10.1061/(ASC E)CO.1943-7862.0001735
Ivancic, R. (2020). Corporate Culture Lifecycle Management: Den Lebenszyklus der Unternehmenskultur erfolgreich antizipativ steuern. In S. Laske, A. Orthey & M. J. Schmid (Hrsg.), *PersonalEntwickeln. Das aktuelle Nachschlagewerk für Praktiker. 254. Erg.-Lfg. zum Loseblattwerk Juni 2020* (S. 1–34). Köln: Deutscher Wirtschaftsdienst.

Ivancic, R., & Camozzi, M. (2016). *High End braucht starke Wurzeln: Innengerichtetes Corporate Brand Management als entscheidender Erfolgsfaktor im High-End-Marketing. Marketing Review St. Gallen, 33*(5), 16–25.

Kotter, J. P. & Heskett, J. L. (1992). *Corporate Culture and Performance.* New York: Free Press.

kununu (2025). *kununu Kulturkompass: Online-Diagnose für Ihre Unternehmenskultur.* Aufgerufen am 17.02.2025 von https://arbeitgeberportal.kununu.com/blog/kununu-kulturkompass/

Peters, T., & Waterman, R. (1982). *In Search of Excellence: Lessons from America's Best-Run Companies.* New York: Harper & Row. https://doi.org/10.2307/2393015

Rieckmann, H. J. (2005). *Managen und Führen am Rande des 3. Jahrtausends: Praktisches, Theoretisches, Bedenkliches* (3. Aufl.). Frankfurt am Main: Lang.

Sackmann, S. A. (2004). *Erfolgsfaktor Unternehmenskultur, Mit kulturbewusstem Management Unternehmensziele erreichen und Identifikation schaffen – 6 Best Practice-Beispiele.* Wiesbaden: Springer.

Schein, E. H. (1995). *Unternehmenskultur: Ein Handbuch für Führungskräfte.* Frankfurt am Main: Campus.

Schein, E. H. (1999). *Organisationskultur.* Köln: EHP.

Scholz, C. (2000). *Personalmanagement: Informationsorientierte und verhaltenstheoretische Grundlagen* (5. Aufl.). München: Vahlen.

Polydextrie in der Kompetenzentwicklung

6

Polydextre Steuerung setzt einen breiten Kompetenzmix und die Arbeit an der eigenen Identität voraus (Ivancic 2009). Sie erfordert ein Kompetenzspektrum, dass sowohl den Intelligenzquotienten (IQ), als auch den EQ bzw. emotionale Intelligenz oder Sozialkompetenz (Orejarena et al. 2019) umfasst. Beides basiert auf dem CQ verstanden als charakterliche Eigenschaften und Werthaltungen des Individuums (Rieckmann o. J.).

Das Bewusstsein bzw. die Arbeit an der eigenen Identität bildet die Grundlage für eine umfassende Kompetenzentwicklung, die sowohl kognitive als auch soziale und wertebasierte Dimensionen beinhaltet. Nur durch diese ganzheitliche Betrachtung lassen sich die vielschichtigen Anforderungen dynamischer Umfelder bewältigen. Gezielte Kompetenzentwicklung, fokussiert nicht nur auf einzelne Fähigkeiten, sondern ist als eine systematische Herangehensweise zur Entwicklung von Fähigkeitenbündeln zu verstehen, um aktuelle Herausforderungen und Transformationen zu bewältigen (Kuhlmann und Sauter 2008). In diesem Zusammenhang schlagen Bano und Shanmugam (2018) eine Kategorisierung in **sechs Unterkompetenzen bzw. Fähigkeitskategorien** vor (Abb. 6.1).

Professional Skills beinhalten sachbezogenes theoretisches Wissen und aktuelle Standards während sich methodische Kompetenzen auf Wissensanwendung, Problemlösung und Projektmanagement beziehen (Bechter et al. 2019). Sozialkompetenzen wie Teamarbeit und Kommunikation fördern die Zusammenarbeit (Böhle und Weihrich 2020). Persönliche Kompetenzen beinhalten Selbstdisziplin und Präsentationsfähigkeiten. Analytische Kompetenzen umfassen systematisches Denken zur Problemlösung und digitale den Umgang mit digitalen Technologien und neue technische Fertigkeiten (Bano und Shanmugam 2018).

© Der/die Autor(en), exklusiv lizenziert an Springer Fachmedien Wiesbaden GmbH, ein Teil von Springer Nature 2025

R. Ivancic et al., *Polydextrie – Zur Notwendigkeit kontextualer Vielseitigkeit*, essentials, https://doi.org/10.1007/978-3-658-48581-8_6

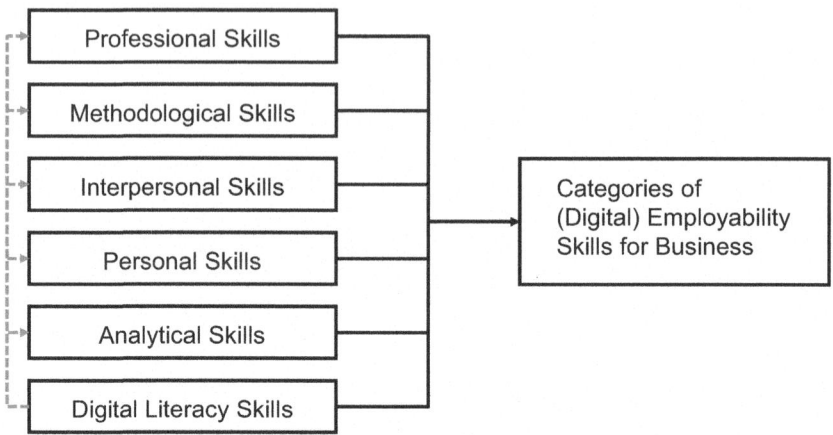

Abb. 6.1 Kompetenzen für (Digital) Employability. (Eigene Darstellung in Anlehnung an Bano und Shanmugam 2018 zit. nach Ivancic 2021)

Vor dem Hintergrund steigender Belastungen (Sträter 2019) wird **Resilienz** Basis erfolgreichen Agierens und zielführender Entwicklungen. Der Begriff stammt vom lateinischen resilire und meint ursprünglich als Ausdruck der Physik und Materialwissenschaft die Eigenschaft von Stoffen (wie bspw. Thermoplaste oder Elastomere) sich durch Einwirkung elastisch immer wieder zu verformen (Scharte und Thoma 2016). Auf Individuen angewandt, geht es in der Bewältigung von herausfordernden Situationen um die Fähigkeit, mit exogenen Entwicklungen umgehen zu können, ohne die eigene Persönlichkeit, Zielvorstellungen und Selbstwirksamkeitserwartungen zu verlieren und dadurch handlungsfähig zu bleiben.

Um Polydextrie als Führungs- oder operative Einsatzkraft zu leben ist es notwendig Kompetenzen zu besitzen bzw. zu entwickeln, die sowohl ein Agieren in der Krise und im Regelbetrieb auf Basis einer stabilen Persönlichkeitsstruktur ermöglichen (Abb. 6.2) und einen situationsadäquaten, authentischen und nachvollziehbaren Wechsel sicherstellen.

Die entsprechenden Fähigkeiten, die in enger Beziehung zueinanderstehen, lassen sich wiederum differenziert nach Krisenkompetenzen, Regelbetriebskompetenzen sowie Werthaltungen und Persönlichkeitsstrukturen näher erläutern.

Abb. 6.2 Polydextres Kompetenzradar. (Eigene Darstellung in Anlehnung an Olbert-Bock et al. i. E.)

6.1 Krisenkompetenzen

Krisenkompetenzen betreffen Fähigkeiten, die speziell in Situationen benötigt werden, in denen Dynamik, Ungewissheit und Zeitdruck besonders hoch sind.

Erforderlich ist eine Kombination aus schnellem Denken, klarer Kommunikation und effektiver Umsetzung. So ist es essenziell auf Basis unvollständiger und widersprüchlicher Informationen **zielorientiert zu planen**, rasch, effektiv und entschlossen **Entscheidungen** zu treffen und entsprechend **auszuführen**. Diese Kompetenz ist eng mit **analytischen Fähigkeiten** wie bspw. Lageanalysen und Lösungsentwicklungen verbunden. Die **Leitung einer Krisensituation** erfordert systematische und zielgerichtete Herangehensweisen, zwecks Problemidentifikation sowie der Generierung und Umsetzung best-geeigneter Lösungen sowie die übergeordnete Koordination von Aktivitäten. Dies schließt den Umgang mit Konflikten und Risikomanagement mit ein, welche Kompetenzen eng mit **Kommunikations-** und **Koordinationsfähigkeiten** in Verbindung stehen, da

Lösungsumsetzungen oft in Zusammenarbeit mit anderen Akteuren zu entwickeln und auch externe Partner situativ miteinzubeziehen sind. Weitere wesentliche Skills in der Krise sind **Befehlstaktik** und ein zugehöriger **Führungsstil**. So muss die Führungskraft klare und präzise Anweisungen geben und dabei je nach Lage Autorität und Einfühlungsvermögen zielorientiert verbinden. Dies setzt Leadership und Empathie (Abschn. 6.2 und Abschn. 6.3) mit taktischen Erfordernissen der Krise in Beziehung. Weitere wesentliche Kompetenzen in diesen Ausnahmesituationen sind **Belastbarkeit** und **Eigenschutz** wobei die psychische und physische Stabilität der Führungskraft, Grundvoraussetzung für Handlungsfähigkeit in Stresssituationen ist.

Dabei profitieren Krisenkompetenzen von Werthaltungen und stabilen Persönlichkeitsstrukturen (Abschn. 6.3), da Belastbarkeit, Resilienz, Selbstführung und Führungsstärke auch in Krisen entscheidend sind.

6.2   Regelbetriebskompetenzen

Regelbetriebskompetenzen zielen darauf, im regulären Tagesgeschäft einen reibungslosen Betrieb sowie Weiterentwicklungen der Gesamtorganisation sicherzustellen. So werden organisatorische und personelle Grundlagen geschaffen, um alltägliche Aufgaben effizient, kostengünstig und möglichst störungs- bzw. fehlerfrei zu bewältigen. Gleichzeitig sorgen sie für die langfristige Weiterentwicklung der Organisation.

Zu Regelbetriebskompetenzen gehören eine **systematische Arbeitsweise** und **Organisation**, die Voraussetzung sind, um Prozesse klar zu strukturieren, finanzielle und materielle Ressourcen optimal und verantwortungsvoll einzusetzen und Abläufe effizient zu gestalten. Hierbei spielen **Flexibilität** und **Planungskompetenz** eine wichtige Rolle, um auf unerwartete Herausforderungen, aber auch wechselnde Bedingungen und Anforderungen im Alltag angemessen reagieren zu können. Auch im Regelbetrieb liegt der Fokus auf der **Erreichung definierter Ziele**. Dies erfordert Fähigkeiten, klare **Zielvereinbarungen** zu treffen und deren Umsetzung zu steuern. Eng in Verbindung damit steht eine **Ergebnisorientierung**, verstanden als das Trachten nach einer Erreichung spezifischer Ziele unter Berücksichtigung von vorhandenen Ressourcen und Prioritäten. Dabei zeigt sich u. a. eine Verbindung zu Krisenkompetenzen (Abschn. 6.1), da es in Stresssituationen ebenso notwendig ist, diese Ziel- und Ergebnisorientierung zu erhalten. Wichtige Führungsaufgabe im Regelbetrieb ist es, Kompetenzen der **Mitarbeitenden** zu **entwickeln** sowie das **Team zu führen** und zu stärken. Hierzu gehören die Förderung von Kompetenzen und Wissen innerhalb des Teams sowie die Unterstützung persönlicher und beruflicher Entwicklung. Dies erfordert nicht nur organisatorische Fähigkeiten, sondern auch Wertschätzung und die Fähigkeit, Identität und Orientierung zu vermitteln (Abschn. 6.3). Die Kompetenz, interne und organisationsübergreifende **Zusammenarbeit** zu gestalten, ist notwendig, um Effizienz und **Innovation** sowie **Zukunftsgestaltung** zu gewährleisten. Dies setzt die Schaffung von Strukturen für eine effektive Kollaboration innerhalb der Organisation und mit externen Akteuren voraus. Hierzu gehört auch die Fähigkeit, in der Krise visionäre Ansätze einzubringen und die Situation aktiv in Richtung einer besseren Zukunft zu steuern. Dies erfordert **Koordination** und **Kommunikationsstärke**.

6.3 Werthaltungen und Persönlichkeitsstrukturen

Werthaltungen und Persönlichkeitsstrukturen beschreiben persönliche Werte und Eigenschaften, die eine Person auszeichnen sollten, um als verlässlich eingeschätzt zu werden und eine Vorbildfunktion einzunehmen. Diese bilden die Basis für Glaubwürdigkeit und Akzeptanz sowohl im Krisenmodus als auch im Regelbetrieb. So beschreibt diese Dimension die inneren Werte und Persönlichkeitsmerkmale, die eine Führungskraft auszeichnen. Sie sind die Grundlagen für Vertrauen, Motivation und ein starkes Miteinander.

Eine Führungskraft muss glaubwürdig, vertrauenswürdig und **integer** sein sowie **transparent** agieren, was durch nachvollziehbares, ehrliches und ethisches Verhalten erreicht wird, das die Grundlage für **Kommunikation** und **Zusammenarbeit** bildet und dabei Vertrauen und Glaubwürdigkeit schafft. Um andere effektiv zu führen, muss eine Führungskraft zunächst sich **selbst führen** und **Eigenverantwortung** übernehmen können. Diese Selbststeuerung stärkt nicht nur die persönliche **Belastbarkeit** und **Resilienz**, sondern auch die Glaubwürdigkeit als Vorbild in Stresssituationen (Abschn. 4.3). **Empathische** und **bürgernahe** Führungskräfte schaffen eine Atmosphäre des Verständnisses und der Kooperation. Dabei gilt es, sich in andere hineinzuversetzen, ihre Perspektiven zu verstehen und respektvoll mit diesen umzugehen. Wer zudem **kreativ** ist, kann sowohl im Alltag als auch in der Krise **innovative** Lösungen entwickeln. Dabei braucht es eine grundsätzliche Offenheit gegenüber neuen Ideen und Ansätzen sowie ihre Förderung innerhalb der Organisation. Diese Eigenschaften sind eng mit Problemlösungsfähigkeiten verbunden und zeigen, wie wesentlich persönliche Werte für die Bewältigung praktischer Aufgaben sind. **Respektvoller, wertschätzender** Umgang und die Förderung von **Vielfalt** und **Chancengleichheit** stärken den Zusammenhalt innerhalb der Organisation und schaffen eine positive

Arbeitsatmosphäre. Dies hat direkte Auswirkungen auf die **Teamführung** und den Umgang mit Konflikten.

In summa ist eine stabile und vertrauenswürdige Persönlichkeit notwendig, um auch in schwierigen Zeiten auf Dauer handlungsfähig zu bleiben.

6.4 Kompetenzen innerhalb von Einsatzorganisationen

Polydextrie in der Kompetenzentwicklung stellt also auf organisationale Fähigkeiten ab, differente Kompetenzdimensionen gezielt zu fördern, um Führungskräfte und Mitarbeitende für eine Vielzahl von Herausforderungen zu rüsten. Diese Aspekte repräsentieren unterschiedliche, sich ergänzende Anforderungen an Polizeikräfte, die in einem komplexen Arbeitsumfeld erfolgreich agieren müssen.

Beispiel

Krisenkompetenzen sind essenziell, um in dynamischen und oft unvorhersehbaren Situationen effektiv handeln zu können. Diese Fähigkeiten umfassen schnelles Situationsbewusstsein, Entscheidungsfähigkeit unter Druck sowie taktisches Denken. Wenn bspw. bei einer großangelegten Demonstration die Lage eskaliert und Teilnehmende gewalttätig werden, müssen Polizeikräfte vor Ort, die Situation unmittelbar bewerten, Schutzmaßnahmen für friedliche Demonstrierende ergreifen und gezielt gegen Gewalttäter vorgehen, ohne die Gesamtlage weiter zu destabilisieren. Dies erfordert ein spezifisches Kompetenzset, das in diesem Bereich durch regelmäßige Szenarien-Trainingseinheiten, wie bspw. Stress- und Entscheidungstrainings gefördert werden kann. In diesen Simulationen üben die Einsatzkräfte, unter hoher emotionaler Belastung geeignete Entscheidungen zu treffen. Ergänzt wird dies durch Schulungen in Deeskalationstechniken und ein gezieltes Coaching, um die psychische Belastbarkeit zu stärken.

Kompetenzen für den Regelbetrieb stellen sicher, dass tägliche Aufgaben wie Streifen- und Ermittlungsdienste zuverlässig und effizient durchgeführt werden können. Hierbei stehen Fachwissen, Prozesskompetenz, die Einhaltung von Standards aber auch Führungs-, Kommunikations- und Teamentwicklungsfertigkeiten im Mittelpunkt. Um bspw. eine Anzeige zu einem Einbruch zu bearbeiten, muss die Einsatzkraft die Spurenaufnahme am Tatort korrekt durchführen, die Beteiligten professionell befragen und die Ergebnisse in das elektronische Fallmanagementsystem eintragen. Darüber hinaus ist es notwendig sich an juristische Vorgaben zu halten und Beweise rechtlich verwertbar zu sichern. Supervision und kollegiale Fallbesprechungen unterstützen die kontinuierliche Verbesserung der täglichen Arbeitsprozesse und schaffen Raum für zukunftsfähige Weiterentwicklungen und Sicherstellung der Employability. **Werthaltungen** und **Persönlichkeitsstrukturen** bilden die Grundlage für das Verhalten von Polizistinnen und Polizisten und ihre Fähigkeit, in herausfordernden Situationen moralisch und professionell zu agieren. Integrität, Empathie und Selbstreflexion sind hierbei zentrale Elemente. So müssen bspw. im Umgang mit psychisch instabilen Personen, die eine Gefahr für sich und andere darstellen, Einfühlungsvermögen und Kommunikationsfähigkeit eingesetzt werden, um die Situation gewaltfrei zu entschärfen. Gleichzeitig ist sicherzustellen, dass die Person würdevoll behandelt wird und Zugang zu angemessener Hilfe erhält. Die hierzu notwendige Kompetenzentwicklung erfolgt durch Wertevermittlung in der Ausbildung sowie durch Seminare zu Diversität und Antidiskriminierung. Reflexionsrunden und Feedbackgespräche fördern die Kompetenz, das eigene Verhalten kritisch zu hinterfragen und weiterzuentwickeln. Darüber hinaus tragen Mentoring-Programme und Vorbilder innerhalb der Organisation zur Persönlichkeitsbildung bei.◄

▶ Krisenkompetenzen ermöglichen es, in Ausnahmesituationen effektiv zu agieren; Regelbetriebskompetenzen stellen die kontinuierliche Leistungsfähigkeit sicher; und wertebasierte Persönlichkeitsstrukturen schaffen die Grundlage für eine ethische und nachhaltige Polizeiarbeit. Diese Polydextrie der Kompetenzentwicklung trägt in der Verhaltensdimension dazu bei, dass die Polizei als Organisation flexibel, verantwortungsbewusst und professionell auf unterschiedliche Herausforderungen reagieren kann.

Die am Beispiel von Einsatzorganisationen illustrierten Notwendigkeiten einer Polydextrie in der Führung, Kulturgestaltung und Kompetenzentwicklung treffen trotz unterschiedlicher Ausgangssituationen sowohl auf gewinnorientierte Unternehmungen, Non-Profit- sowie Non-Governmental-Organisationen zu.

Literatur

Bano, Y., & Shanmugam, V. (2018). Categories of Employability Skills in Higher Education. *American International Journal of Research in Humanities, Arts and Social Sciences, 211*(19), 44–47.

Bechter, M., Brönimann, C., Ivancic, R., & Müller, P. (2019). Angewandte Wissenschaften an der Fachhochschule St. Gallen: Praxisprojekte als Bindeglied zwischen akademischer, praxisorientierter Ausbildung und wirtschaftlichem Nutzen. *Magazin erwachsenenbildung.at: Das Fachmedium für Forschung, Praxis und Diskurs, 38*(1), 131–140. https://doi.org/10.25656/01:18181

Böhle, F., & Weihrich, M. (2020). Das Konzept der Interaktionsarbeit. *Zeitschrift für Arbeitswissenschaft, 74*(1), 9–22. https://doi.org/10.1007/s41449-020-00190-2

Ivancic, R. (2009). *Der Künstler als Marke oder Die Kunst des Personal Brand Managements.* Norderstedt: BoD.

Ivancic, R. (2021). Digital Employability: Beschäftigungsfähigkeit und deren Sicherstellung im Zeitalter der Digitalisierung. In S. Laske, A. Orthey & M. J. Schmid (Hrsg.), *PersonalEntwickeln. Das aktuelle Nachschlagewerk für Praktiker. 262. Erg.-Lfg. zum Loseblattwerk Februar 2021* (S. 1–34). Köln: Deutscher Wirtschaftsdienst.

Kuhlmann, A., & Sauter, W. (2008). *Innovative Lernsysteme: Kompetenzentwicklung mit Blended Learning und Social Software.* Berlin: Springer. https://doi.org/10.1007/978-3-540-77831-8

Olbert-Bock, S., Ivancic, R., & Oberholzer, B. (i.E.). Equal Leadership – Gestaltung und Einführung am Beispiel der Stadtpolizeien St. Gallen, Chur und Winterthur. St. Gallen: OST – Ostschweizer Fachhochschule.

Orejarena, H., Zambrano, O., & Carvajal, M. (2019). Emotional intelligence and its influence on the organizational leadership in the VUCA world. *Advances in Social Science, Education and Humanitites Research, 359*(1), 185–188. https://doi.org/10.2991/icsbal-19.2019.32

Rieckmann, H. J. (o. J.). *Intelligenzen des Menschen.* Unveröffentlichtes Modell. Klagenfurt: Alpen-Adria-Universität Klagenfurt.

Scharte, B., & Thoma, K. (2016). Resilienz – Ingenieurwissenschaftliche Perspektive. In R. Wink (Hrsg.), *Multidisziplinäre Perspektiven der Resilienzforschung* (S. 123–150). Wiesbaden: Springer. https://doi.org/10.1007/978-3-658-09623-6_6

Sträter, O. (2019). Wandel der Arbeitsgestaltung durch Digitalisierung: Transfer von Erkenntnissen aus der Sicherheitsforschung auf die Arbeitsgestaltung in der digitalen Transformation. *Zeitschrift für Arbeitswissenschaft, 73*(3), 252–260. https://doi.org/10.1007/s41449-019-00163-0

Spezifische Herausforderungen differenter Organisationen und Ausblick

7

In **Einsatzorganisationen** wie der Polizei nimmt Führung im Einsatz, wie in den jeweiligen Unterkapiteln (Abschn. 4.4, 5.4 und 6.4) dargestellt, eine besonders zentrale und identitätsstiftende Rolle ein. Dieses Spezifikum prägt die Organisation maßgeblich und stellt gleichzeitig eine Herausforderung dar, da es dazu führen kann, dass abweichende Führungsansätze oder alternative Handlungsweisen im Alltag kritisch hinterfragt oder gar untergeordnet werden. Dadurch entsteht die Gefahr einer Einseitigkeit, die die Flexibilität und Anpassungsfähigkeit der Organisation einschränken kann.

Daher sollten die Ansätze nicht als konkurrierend, sondern als komplementäre Bausteine einer ganzheitlichen Steuerung verstanden werden. Nur so lässt sich vermeiden, dass der identitätsstiftende Mechanismus der Einsatzführung die anderen Dimensionen im Alltag dominiert und deren Potenziale ungenutzt bleiben.

Um Vereinseitigungen entgegenzuwirken, ist es unerlässlich, die weiteren Dimensionen der Polydextrie gezielt zu reflektieren und ggf. stärker zu betonen, indem geeignete Maßnahmen der Personal- und Organisationsentwicklung ergriffen werden.

Vor ähnlichen Herausforderungen stehen auch Unternehmen, Non-Profit- und Non-Governmental-Organisationen. Dabei ist die identitätsstiftende Dominanz der drei Dimensionen allerdings anders ausgeprägt.

Unternehmen sind strukturell oft gezwungen, den Fokus auf kurzfristige Gewinnsteigerung zu legen. Die Folge ist eine systeminhärente Überbetonung der Managementdimension im Betriebsalltag. Dies führt dazu, dass sowohl die Fähigkeiten zu mittel- und langfristig notwendigen Erneuerungsprozessen vernachlässigt sind als auch die zu einem unmittelbaren Umswitchen in einen

© Der/die Autor(en), exklusiv lizenziert an Springer Fachmedien Wiesbaden GmbH, ein Teil von Springer Nature 2025
R. Ivancic et al., *Polydextrie – Zur Notwendigkeit kontextualer Vielseitigkeit*, essentials, https://doi.org/10.1007/978-3-658-48581-8_7

Krisenmodus erforderlichen. Anpassungen an dynamische Umweltveränderungen sowie Krisenbewältigungsfähigkeiten sind beeinträchtigt. Beispiele wie der Umgang mit der COVID-19-Pandemie oder der Finanzkrise von 2008 und die Inkonsequenzen in ihrer Nachbereitung verdeutlichen beide Schwächen. So erweist sich angesichts fehlender Übung und fehlendem Vergleich alternativer Vorgehensweisen Föderalismus in der unmittelbaren Krisenbewältigung als hinderlich – seine unter Innovationsaspekten durchaus günstigen Eigenschaften werden jedoch genau so wenig genutzt.

Obwohl Unternehmen die Managementfacetten der Polydextrie häufig gut beherrschen, zeigt sich gerade bei der Bewältigung akuter Krisen ein Mangel an Entscheidungs- und Umsetzungsgeschwindigkeit. Oft wird Krisenmanagement mit autoritärer Führung verwechselt, was zu ineffizientem und reaktivem Handeln führt.

Diese Problematik wird zusätzlich durch eine Vernachlässigung von Leadership-Aspekten verschärft. Ein fehlendes Augenmerk auf Leadership verhindert den Aufbau von Coping-Fähigkeiten, die notwendig sind, um erneute Krisensituationen souverän zu meistern und langfristig widerstandsfähiger zu werden.

Um dieser Herausforderung zu begegnen, müssen Unternehmen ihre Führungsstrategien diversifizieren. Nur durch diese Balance lässt sich die notwendige Geschwindigkeit und Flexibilität entwickeln, um sowohl kurzfristige Risiken zu bewältigen als auch langfristige Erneuerungsprozesse erfolgreich umzusetzen.

Non-Profit- und **Non-Governmental-Organisationen** neigen dazu, Leadership-orientierte Gestaltungsprinzipien in Führung und Kultur stärker zu betonen. Während dieser Fokus auf Werteorientierung und partizipative Ansätze wichtig ist, birgt er auch Risiken. Ineffiziente Verwaltung von Ressourcen, wie beispielsweise Spendengeldern, und unter Managementperspektive suboptimale Entscheidungen können die Wirksamkeit der Organisation erheblich einschränken.

Der häufig stark bürokratisch geprägte Apparat mit basisdemokratischen Strukturen führt zu erheblichen Aufwänden, die verhindern, dass Mittel effizient und rechtzeitig dort eingesetzt werden, wo sie am dringendsten benötigt werden. In Krisensituationen kann dies zu einer Paralyse der Organisation führen, da Entscheidungsprozesse zu langsam und unflexibel sind, um den akuten Anforderungen gerecht zu werden.

Diese strukturellen Schwächen haben zur Folge, dass viele Aktivitäten, besonders in Krisengebieten, nur geringe Wirkung entfalten oder im schlimmsten Fall sogar kontraproduktiv wirken (McMahon 2019). Um diesen Herausforderungen zu begegnen, ist es notwendig, Leadership-Orientierung mit effizientem Management zu verbinden. Ein ausgewogenes Verhältnis zwischen wertebasierter Führung, klaren Entscheidungsstrukturen und betriebswirtschaftlicher Effizienz kann sicherstellen, dass begrenzte Ressourcen zielgerichtet und wirksam eingesetzt werden – gerade in anspruchsvollen und dynamischen Kontexten.

Die erfolgreiche Implementierung von Polydextrie zur Bewältigung vielfältiger Risiken und Herausforderungen ist kein automatischer Prozess. Vielmehr erfordert sie eine kontinuierliche und bewusste Entwicklung, die die Bereiche **Personalführung** (Kap. 4), **Organisationskultur** (Kap. 5) und **(Führungs-) Kompetenzen** (Kap. 6) gleichermaßen einbezieht. Dies bedeutet, bestehende Strukturen zu hinterfragen, Führungskräfte für alternative Ansätze zu sensibilisieren und die Organisation schrittweise zu einer polydextren Steuerung zu befähigen.

Dabei ist es von zentraler Bedeutung, eine Balance zu schaffen. Dominierende Facetten müssen einerseits als identitätsstiftende Elemente gewürdigt werden, andererseits gilt es, Raum für andere Führungs- und Handlungsebenen zu ermöglichen, die die langfristige Resilienz und Anpassungsfähigkeit der Organisation fördern. Dieser Entwicklungsprozess stellt somit eine anspruchsvolle, aber notwendige Aufgabe dar, um die Organisation nachhaltig zukunftsfähig zu machen.

Eine vertiefte Untersuchung der erfolgreichen Balance der drei Grundhaltungen der Organisationssteuerung bildet eine zentrale Grundlage für die nachhaltige Stabilität und den Erfolg von Polizeien sowie Organisationen unterschiedlichster Art. Im Kontext von Personal-, Organisations- und Führungsentwicklung ermöglicht diese Ausgewogenheit nicht nur die flexible Anpassung an dynamische Anforderungen, sondern stärkt auch die Resilienz gegenüber internen und externen Herausforderungen.

Das von uns vorgeschlagene Modell polydexter Steuerung mit seinen spezifischen Ausprägungen hinsichtlich Führung, Kulturgestaltung und Kompetenzentwicklung kann dabei als zielführende Grundlage oder Sortierschema für organisationsindividuell angewandte Grundlagen und Vorgehensweisen dienen, sowie mit anderen bestehenden Ansätzen und Modellen kombiniert werden. So wäre es bspw. möglich erwähnte oder weitere Kulturinventare und -frameworks (Kap. 5) mit Polydextrie in der Kulturgestaltung (Abb. 5.2) ebenso zu kombinieren wie polydextre Kompetenzen (Abb. 6.2) mit der von Bano und Shanmugam (2018) vorgenommenen (Kap. 6) oder alternativen Kategorisierungen.

Durch eine ausgewogene Integration der drei Haltungen können Organisationen ihre Führungsstrukturen optimieren, Risiken frühzeitig erkennen und effektiv steuern. So fördert Polydextrie Innovation, Werteorientierung und langfristige

Anpassungsfähigkeit, aber auch Effizienz und Struktur sowie schnelle und klare Entscheidungen in Krisensituationen.

Die sorgfältige Abstimmung dieser Ansätze schafft Synergien, die sowohl in akuten Situationen als auch im Regelbetrieb zur Stabilisierung und Weiterentwicklung von Organisationen beitragen. Polydextrie kann somit als eine Antwort auf die Anforderungen moderner Organisationen verstanden werden, die sich in einem Umfeld von stetiger Veränderung, Unsicherheit und Diversität behaupten müssen. Sie verlangt nicht nur situative Anpassungsfähigkeit, sondern auch eine hohe Reflexionsfähigkeit, um Widersprüche produktiv zu nutzen und dabei stets glaubwürdig zu bleiben.

Literatur

McMahon, P. C. (2019). Das NGO Spiel: Zur ambivalenten Rolle von Hilfsorganisationen in Postkonfliktländern. Hamburg: Hamburger Edition.

Was Sie aus diesem *essential* mitnehmen können

- Polydextre Unternehmenssteuerung ist in Zeiten der Multikrise essenziell, um gemäß kontextualen Notwendigkeiten zielbezogen verschiedenartig zu agieren.
- In der Führung bedeutet Polydextrie zwischen unterschiedlichen Leadership-Stilen authentisch, nachvollziehbar und glaubwürdig zu wechseln.
- Polydextrie in der Kulturgestaltung meint Rahmenbedingungen des Zusammenwirkens zu pflegen, die sowohl Effizienz und Sicherheit als auch Innovation und Entwicklung ermöglichen.
- Um polydextre Unternehmenssteuerung ausführen und leben sowie diese aushalten zu können sind spezifische Kompetenzen von vorrangiger Wichtigkeit.
- Praxisnahe Beispiele aus Einsatzorganisationen verdeutlichen das Konzept und schaffen klare Anknüpfungspunkte, die den Transfer in die eigene Organisation ermöglichen.

© Der/die Herausgeber bzw. der/die Autor(en), exklusiv lizenziert an Springer   53
Fachmedien Wiesbaden GmbH, ein Teil von Springer Nature 2025
R. Ivancic et al., *Polydextrie – Zur Notwendigkeit kontextualer Vielseitigkeit*,
essentials, https://doi.org/10.1007/978-3-658-48581-8

The manufacturer's authorised representative in the EU is Springer
Nature Customer Service Centre GmbH, Europaplatz 3, 69115 Heidelberg,
Germany. If you have any concerns regarding our products, please
contact ProductSafety@springernature.com

Printed and bound by CPI Group (UK) Ltd, Croydon, CR0 4YY
27/04/2026
02097845-0002